Maiutac

Cristina Rodrigo

Maiutac

Primera edición: agosto de 2015

© Era Nuestro, S.L.
© Cristina Rodrigo
© Laura Vilardell (Ilustraciones)

ISBN: 978-84-16405-38-1
ISBN digital: 978-84-16405-39-8

Deposito Legal: M-25593-2015

Ediciones Áltera
Bravo Murillo, 79
28003 Madrid
editorial@altera.net
www.edicionesaltera.com

Por mi padre, que leyó el manuscrito
pero no podrá sostener el libro en sus manos.
Sé que, esté donde esté,
ahora será feliz.
Para Laia,
mi pequeño motor.

ÍNDICE

Capítulo 1: Una botella blanca, una botella azul 11
Capítulo 2: ¿Nuevos amigos? 21
Capítulo 3: Se acaba el verano... 33
Capítulo 4: La magia de las botellas 45
Capítulo 5: Un fin de semana movidito 57
Capítulo 6: Cambio de clase 73
Capítulo 7: Secuestrados.. 87
Capítulo 8: La tumba sagrada 101
Capítulo 9: El libro Isinié...113
Capítulo 10: Al rescate... 123
Capítulo 11: Separados 135
Capítulo 12: María 147
Capítulo 13: La pagoda.. 155
Capítulo 14: Una decisión arriesgada 167
Capítulo 15: Arne Uno Unik 179
Epílogo 185

Capítulo 1:

Una botella blanca, una botella azul

El sol se filtraba entre los árboles iluminando la cocina de los Sanders, por lo que Baldric decidió que ya era hora de que todo el mundo se despertara y de que, sobre todo, le sirvieran su desayuno, después de todo, ser el despertador de la casa ¡era un trabajo cansado! y, francamente, a cualquier loro que se preciara le abriría el apetito.

Sus graznidos fueron despertando a la familia y poco a poco la casa fue llenándose de ruidos, la ducha, el lavabo, pero una habitación seguía en silencio. María todavía dormía a pierna suelta, lo cierto es que entre sueños había oído a Baldric, pero su sueño era tan bonito... estaba cabalgando en un hermoso caballo que parecía que volara entre la hierba del prado y al pie de la montaña dos niños saludaban con la mano invitándola a reunirse con ellos; al ver sus rostros sonriendo tuvo muchas ganas de ir a jugar con aquellos niños, pero de pronto un monstruo graznó en sus oídos y todo se volvió negro. Sintió como si algo le picara la oreja y tardó un momento en darse cuenta de que era Baldric quien la llamaba y le picaba para despertarla. Sorprendida miró la puerta y vio que estaba cerrada. ¿Cómo había entrado Baldric?, se preguntó desconcertada. Lo entendió todo cuando oyó una risita conocida detrás de la puerta.

—¡Mamá! —gritó enfadada—. ¡Álex ha metido a Baldric en mi habitación! —ahora las risas ya eran carcajadas que se alejaban mientras Álex bajaba las escaleras.

María se levantó enfadada, con Baldric bien acomodado en su hombro. Con lo bien que se lo estaba pasando en su sueño, ¡cuando pillara a ese renacuajo se iba a enterar! Aun refunfuñando se fue al cuarto de baño, se metió en la ducha para despejarse y se asustó un poco cuando algo voló desde su hombro ¡Se había olvidado de Baldric! Al verlo mojado no pudo evitar reírse; bueno, así aprendería a no despertarla en su habitación. Se miró al espejo, sus ojos marrones contrastaban con su media melena rubia que procedió a revolverse para que su aspecto tuviera un toque rebelde. Cuando bajó a la cocina sus padres y su hermano ya estaban desayunando. El enano, que con su pelo rubio y sus ojos azules parecía un angelito que nunca hubiera roto un plato en su vida, ahí estaba sentado tan tranquilo, ya le daría su merecido, ya, pensó María, aunque al ver el desayuno en la mesa se le pasó el enfado, lo cierto es que tenía hambre. Empezó a comer y vio que disimuladamente Baldric se acercaba a ella caminando por la barra de la cocina.

—Anda Baldric, —le dijo María—, ven a desayunar —el loro fue volando hasta el hombro de su amita y aceptó con gusto el trozo de tostada que le ofrecía.

—Bueno, veo que ya estás de mejor humor —dijo Laura sonriendo a su hija.

María se sonrojó un poco, pero no contestó. La verdad era que por las mañanas solía estar de malhumor hasta que desayunaba.

—Supongo, por tanto, —continuó su madre— que no te importará demasiado venir con tu hermano a Santiana.

María y Álex miraron sorprendidos a su madre. Normalmente, cuando se iba a trabajar no solía llevarles con ella.

—Claro que, entonces, los dos tendréis que portaros muy bien —concluyó Laura mirando seriamente a Álex; ahora le tocó el turno de sonrojarse a él.

—Sí mamá, te prometo que haré caso —«siempre intento portarme bien», pensó Álex, «el problema es que no sé cómo, siempre acabo metiéndome en líos». Raúl que no había dicho nada hasta ese momento, se echó a reír al ver la cara compungida de su hijo.

—Vamos —le dijo revolviéndole el pelo cariñosamente—, que tu madre no te estaba riñendo aún —Álex le miró sonriendo, su padre siempre le animaba—. Os lo pasaréis estupendamente, ya lo veréis.

Laura era inspectora de educación y en verano se encargaba de comprobar que los niños de su zona estuvieran escolarizados. Solía ir sola porque a menudo se encontraba con situaciones complicadas, pero aquel día le tocaba visitar únicamente dos pueblos en los que habitualmente no había problemas y el recorrido era precioso, pues cruzaba las montañas por el Páramo Verde, un lugar francamente hermoso que valía la pena ver, así que decidió llevarse a los niños.

—Eso sí —continuó Laura—, debéis daros prisa en terminar vuestro desayuno porque tenemos un largo camino y quiero salir dentro de media hora.

Álex y María devoraron lo que les quedaba del desayuno y recogieron rápidamente. Una oportunidad como esta, ¡había que aprovecharla!

A las ocho ya estaban listos y subidos al coche. Se despidieron de su padre y se marcharon. Al cabo de un rato su madre se desvió de la carretera general por una carretera secundaria. Pronto se adentraron en un bosque de hayas; el aire fresco acariciaba sus mejillas y poco a poco Álex y María se quedaron dormidos. Cuando despertaron estaban en un paisaje totalmente diferente; habían cruzado el bosque y ascendido las montañas y ahora estaban en lo alto de un llano que formaban las cumbres. En el horizonte se dibujaba la silueta de un pueblo mientras el sol iluminaba la verde pradera moteada por el rojo de las amapolas y el amarillo de la ginesta en flor. María sonrió a su madre, estaba encantada, aquello era precioso.

No tardaron en llegar al pueblo. Era muy pequeñito. En la plaza una gran mimosa daba sombra a los columpios y a los toboganes y en frente se encontraba el ayuntamiento.

—Mami —suplicó Álex—, ¿podemos quedarnos a jugar en los columpios?

María resopló enfadada. Ella ya era mayor para quedarse jugando, ¡tenía doce años!

—Está bien Álex —contestó riendo Laura—, además como te has portado muy bien y ya tienes ocho años, puedes quedarte sólo y María vendrá conmigo.

—¡Súper! —gritaron a la vez—. Mamá, eres genial —añadió María zalameramente mientras Álex corría a los columpios.

María y Laura fueron al ayuntamiento. Allí se dirigieron al despacho del regidor de educación. La visita fue corta porque todos los niños estaban escolarizados y no había ninguna incidencia. Cuando ya se despedían Laura se acordó de pronto de que el año anterior se había perdido al ir hacia el otro pueblo que debía visitar.

—Señor Foster —inquirió Laura—, ¿podría indicarme como ir a Livestone? El año pasado fui por la carretera 386 y me costó encontrarlo.

—Ay sí, casi todo el mundo va por la 386 —contestó riendo el Señor Foster— y casi todo el mundo se pierde. ¿Ha venido usted con su 4X4?

—Sí, así es —contestó Laura.

—Entonces, aunque deberá ir por pistas de tierra, hay un camino mejor. Vuelvan por la carretera 357, la que han seguido para venir aquí y a unos seiscientos metros verán un desvío a la izquierda que señala la Reserva Natural de Silverland, les llevará directos a Livestone en unos cuarenta minutos —explicó el Señor Foster—. El camino discurre enteramente por el Parque Natural, les encantará, ya verán.

—Muchas gracias Señor Foster. Nos veremos el próximo verano —se despidió Laura.

Recogieron a Álex en el parque, que se lo estaba pasando en grande con unos nuevos amigos, y no tenía muchas ganas de marcharse y se dirigieron hacia el coche, con Álex refunfuñando un poco rezagado.

—Estaba pensando que, con este día tan magnífico, podríamos comprar unos bocadillos y comer en el Parque Natural de Silverland. Aunque si Álex está tan gruñón, no sé si será una buena idea —insinuó Laura, guiñando un ojo a su hija.

—¿Eh? —se sobresaltó Álex—. ¿De qué estáis hablando?

—En el Ayuntamiento nos han explicado un atajo para llegar a Livestone, que pasa por la Reserva Natural de Silverland —explicó María con aires de suficiencia.

—¿Una reserva natural? Entonces, ¿habrá ciervos y muflones y conejos y otros animales? —preguntó emocionado Álex, ignorando la altivez de su hermana.

—Es posible que sí —respondió su madre—, aunque no olvides que no es un zoológico, sino un espacio abierto y los animales corren libres por él, si tenemos suerte veremos algunos, o puede que no. Lo que sí que es cierto es que será un paisaje muy bonito; el río Watson cruza esa región, si encontramos un lugar adecuado podríamos incluso bañarnos un rato.

—Sí mamá, por favor ¡vamos! —suplicó Álex.

—Ya —murmuró cabizbaja María—. ¿Y los bañadores?

—Bueno, ¿quizá estén en esta mochila, junto con las toallas? —dijo Laura mientras abría el maletero del coche para dejar su cartera.

—¿Lo ves? —pinchó Álex a su hermana—. Mamá siempre está en todo. ¿O acaso pensabas que iba a decirnos que fuéramos a bañarnos sin tener los bañadores? – Añadió, satisfecho de ser él quien ponía en evidencia a su hermana esta vez.

María se mordió el labio para no contestar a su hermano. A veces era tan repelente que con gusto le hubiese soltado una fresca, pero no se atrevió con su madre delante. Se limitó a lanzar a su hermano una mirada de aquellas que matan, pero Álex estaba tan contento, que la ignoró y subió al coche.

Una vez comprados los bocadillos y unos zumos para beber, se marcharon hacia Livestone. En seguida dejaron atrás Santiana y, siguiendo las indicaciones del Señor Foster, encontraron fácilmente el camino a la reserva. La pista discurría entre unos campos de cebada que ya amarilleaban y a la derecha apareció el río con cipreses en su orilla.

—Mamá, mamá, para —susurró Álex nervioso.

—¿Qué sucede? —preguntó María.

—Mirad —señaló Álex.

A un lado del río había un claro en el que se podían ver a unos muflones bebiendo agua, con sus cortas colas blancas ondeando al viento. Al menos había una docena entre crías y adultos. Los más pequeños saltaban y correteaban alrededor de los adultos, mientras estos bebían agua y pastaban. Bajaron con cuidado del coche y se acercaron silenciosamente. Al principio los muflones no se dieron cuenta, pero los mayores no tardaron en alzar las cabezas, olfatearon el aire y todos salieron corriendo, perdiéndose rápidamente entre los árboles.

—¡Vaya! —exclamó Laura—. Les hemos asustado.

—¿Crees que volverán mamá? —preguntó María.

—No creo cariño —respondió su madre—. Nosotros no nos damos cuenta, pero hacemos demasiado ruido y además con sus finos olfatos nos huelen a mucha distancia, pero ¿sabéis qué?

—¿Qué? —respondieron a dúo.

—¡Este parece un sitio maravilloso para bañarse! —dijo Laura.

Se pusieron los bañadores y se metieron en el agua que estaba muy fresca y limpia. Estuvieron nadando y jugando un buen rato. Álex se dio cuenta de que entre las piedras, bajo el agua, se escondían peces pequeñitos e intentó atraparlos pero, aunque a veces casi los cogía, siempre se les escapaban entre los dedos.

—María, Álex —llamó Laura—, vamos, salid del agua que es hora de comer.

—Mamá, no —gimotearon los dos—, ¡sólo un poquito más! —pidió María.

—No, lo siento pero esta vez no, o se nos haría demasiado tarde. A las cuatro debo estar en Livestone. Sé que aún queda tiempo, pero comeremos ahora, descansaremos un poco y nos marcharemos —replicó su madre.

Por el tono de su voz, los niños sabían que era mejor no discutir. Después de todo, estaban pasando un día estupendo, no valía la pena estropearlo. Su madre había comprado bocadillos vegetales, de salchichas, de tortilla de patatas…, así que decidieron cortar un trozo de cada uno y probarlos todos. De postre tenían fruta y pastel de queso. Para ser una comida improvisada no estaba nada mal, ¡estaban llenos!

—Mira Álex—susurró riendo María—, mamá ya se está durmiendo.

—Oye —contestó Álex—, podríamos dar una vuelta mientras mamá duerme, quizá encontremos algún ciervo.

—¡Ay, no! No tengo ganas de dormir pero tampoco me apetece caminar, estoy a tope —respondió María.

—¡Qué aburrida eres! —exclamó Álex.

—Venga enano, no te enfades. Si quieres vamos a remojarnos un poco los pies al río —propuso María.

Álex se encogió de hombros; no le parecía muy divertido, pero siempre sería mejor que quedarse sin hacer nada. Se sentaron a la orilla, sobre unas piedras de manera que los pies les quedaban colgando dentro del agua. María parecía satisfecha, pero a Álex aquello se le antojaba lo mismo que estar ahí sentado con su madre, un aburrimiento. Así que se quedó mirando enfurruñado el fondo del río. Fue entonces cuando se dio cuenta de que algo brillaba justo delante de sus pies. Caminó un poco dentro del río, pero estaba más profundo de lo que parecía. Tendría que bucear para ver que era.

—¡Eh Álex! ¿Qué estás haciendo? —le gritó su hermana cuando se dio cuenta de que se estaba metiendo en el agua.

—¡Salgo en seguida! —respondió su hermano.

Y antes de que María pudiera hacer nada, Álex ya estaba buceando hacia el fondo del río. María, inquieta, se puso de pie, dispuesta para sacar a su hermano. Estaba a punto de tirarse al agua cuando Álex salió sofocado.

—¿Se puede saber en que piensas? Podías haber tenido un corte de digestión —le gritó enfadada—. ¿No sabes que mamá siempre nos dice que no debemos meternos en el agua después de comer?

—¡Oh vamos! No te enfades, no ha pasado nada. Además, mira lo que he encontrado—respondió Álex alargando la mano. En su palma sujetaba un collar del que colgaba una extraña botellita azul que parecía brillar con luz propia—. En el fondo hay otra, pero no llego. ¿Se le habrá perdido a alguien?

—Supongo que sí —contestó María—, no creo que hayan aparecido ahí por arte de magia. Anda aparta, voy a intentar coger la otra botella.

Olvidando sus propias palabras se tiró al agua. Tomó aire y se sumergió para intentar coger el otro collar. Realmente estaba muy profundo y cuando llegó al fondo casi no podía aguantar sin respirar. Lo enganchó con las puntas de los dedos y rápidamente nadó hacia la superficie. Cuando la vio salir, Álex iba a preguntarle si lo había podido recuperar, pero estaba tan colorada y sofocada que al muchacho le dio miedo que le pasara algo. Le ayudo a salir y se la quedó mirando asustado. María aún estaba roja y jadeaba. Poco a poco fue recuperando el aliento y sonriendo le enseñó a su hermano el otro collar. La botellita que colgaba también parecía brillar extrañamente, pero no era azul sino blanca. Se quedaron un rato mirándolas mientras se recuperaban del esfuerzo.

—Álex —dijo su hermana de repente—, son muy bonitas ¿no crees? Sus dueños estarán muy tristes, debemos encontrarles.

—Sí, tienes razón —contestó cabizbajo su hermano— si fueran mías y las perdiera, me gustaría que me las devolvieran.

—Vamos Álex, vamos a secarnos y a ponernos la ropa y se lo decimos a mamá —apremió María.

—Nos va a reñir por habernos metido en el agua —avisó Álex.

—Lo sé, pero debemos contárselo, seguro que mamá sabrá que hacer para encontrar a sus dueños.

Ambos niños se quitaron los bañadores, se secaron y se pusieron la ropa. Se miraron y por un instante dudaron, pero al fin, decididos, despertaron a su madre. Por un momento les miró desconcertada, pero al ver sus cabezas mojadas se dio cuenta que se habían metido en el agua.

—¡Pero cómo se os ocurre bañaros después de comer! —les gritó enfadada—. ¿Se puede saber en qué estabais pensando? ¡Podíais haber tenido un corte de digestión! ¿No os digo siempre que no debéis meteros en el agua después de comer!

Al oír a su madre riñéndole igual que lo había hecho antes su hermana, Álex casi se echó a reír pero, por suerte, pudo aguantar a tiempo, porqué sabía que su madre tenía razón, habían sido muy imprudentes.

—Lo siento mamá —contestó María tímidamente— es que vimos estos collares—añadió, enseñándole su collar y el que llevaba su hermano colgando del cuello— y pensamos que alguien los habría perdido y queríamos devolverlos.

—¿Y no se os ocurrió avisarme primero? —inquirió aun enfadada su madre—. Quizá podríamos haberlos sacado con un palo...

—Estaban en lo más profundo del río —interrumpió Álex.

—O hubiésemos encontrado otra manera de sacarlos —continuó Laura mirando severamente a sus hijos—. ¿No creéis?

Álex y María se miraron sorprendidos. No se les había ocurrido, pero ahora se daban cuenta de que era lo que deberían haber hecho.

—Perdónanos mamá —suplicó apesadumbrado Álex—. La verdad es que yo vi el collar primero y me tiré al agua antes de que María pudiera impedírmelo.

—Bueno, será mejor que recojáis vuestras cosas —respondió su madre seria, pero no tan enfadada. En el fondo, aunque estuviera disgustada porque se hubieran bañado, estaba orgullosa de ellos porque su primera intención era devolver los collares—. Ya pensaré más tarde en vuestro castigo. Ahora debemos continuar hacia Livestone.

Veloces como el viento, se apresuraron a obedecer a su madre, deseosos de que se le pasara el enfado cuanto antes.

—Una botellita azul y una botellita blanca —murmuró Laura cuando ya estaban a punto de subir al coche— Son preciosas. Espero que encontremos a sus dueños —dijo sonriendo y revolviéndoles el pelo a sus hijos.

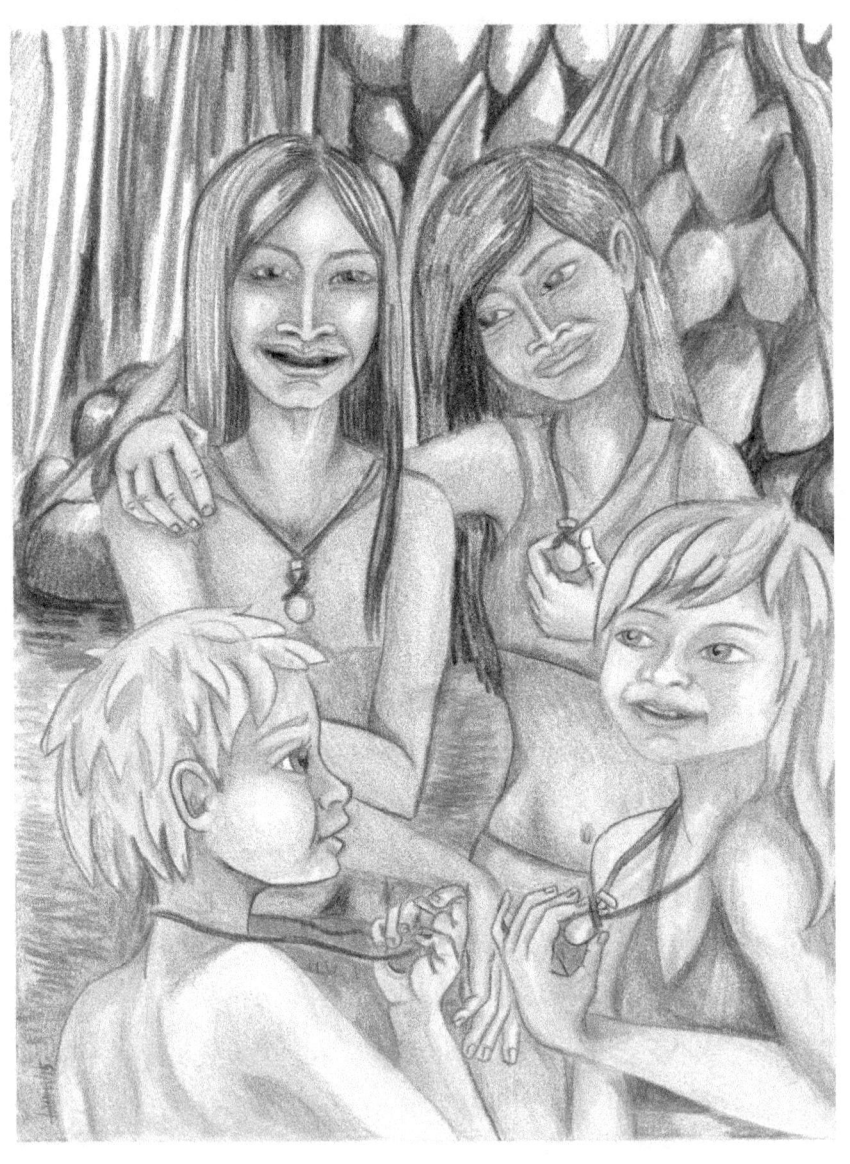

Capítulo 2:

Nuevos amigos

María se despertó sobresaltada cuando su madre frenó bruscamente. Había vuelto a quedarse dormida, después de comer, el vaivén del coche..., con cara somnolienta miró a su madre.

—Mamá, ¿qué pasa?, ¿por qué has frenado así? —preguntó con voz ronca María.

—Creo que todavía estás muy dormida —respondió su madre riendo—. Anda, abre los ojos y mira el...

—¡Mamá! —interrumpió gritando Álex que también se había quedado dormido—. ¡La carretera está cortada!

—Vaya Álex —contestó Laura sin parar de reír—, si no me lo hubieras dicho, no me habría dado cuenta.

—¿Y qué vamos a hacer ahora? —murmuró Álex con las mejillas ruborizadas.

—No te preocupes, a unos metros detrás de aquí hay otro camino. No creo que nos desviemos demasiado, por lo que dijo el Señor Foster, debemos estar a punto de llegar —respondió su madre.

Retrocedieron un poco y tomaron el camino que se desviaba hacia la derecha. No habían recorrido más de cien metros cuando el paisaje empezó a cambiar. Entraron en lo que parecía un jardín con enormes mimosas a los lados del camino y buganvilias de flores rojas que habían crecido tanto que se habían enredado unas con otras formando un túnel en el camino. El cantar de los petirrojos y el viento entre las hojas eran los únicos ruidos que se oían. Estaban tan absortos en el paisaje que ninguno de los tres se dio cuenta de que las botellas que llevaban colgando los niños del cuello brillaban con una luz muy suave y cálida iluminando tenuemente el túnel natural que los árboles y las flores habían formado. El túnel se acabó de repente y deslumbrados por el sol tardaron un instante en darse cuenta que habían llegado a un pequeño pueblo.

—Mamá, ¿esto es Livestone? —preguntó Álex.

—No cariño —respondió su madre—, la verdad es que no sé dónde estamos. Será mejor que bajemos y le preguntemos a alguien.

—¿Sabéis una cosa? —dijo María—. Casi no me importa si nos hemos perdido. Este pueblo es precioso.

Así era. El pueblo estaba formado por una treintena de casas situadas en la falda de una escarpada montaña de la cual surgía una cascada que formaba un hermoso lago bordeado por un bosque de encinas. Bajaron del coche y estaban pensando si encontrarían a alguien cuando un anciano salió a su encuentro. Lucía una larga melena blanca y a pesar de su edad sus movimientos eran ágiles y seguros. Se detuvo ante ellos sonriendo; aunque parecía muy sorprendido, sus ademanes eran acogedores y su mirada cálida y sincera. A Laura le recordó a los venerables jefes de las tribus indias.

—Buenas tardes —saludó el anciano. Su voz parecía gastada por los años, pero aun así era muy agradable—. Hacía mucho tiempo que no llegaban visitas a este pueblo. ¿En qué puedo ayudarles?

—Buenas tardes señor —saludó Laura—. Me llamo Laura Sanders y estos son mis hijos María y Álex. Íbamos a Livestone, pero creo que nos hemos perdido.

—Qué curioso, sólo hay un camino para llegar aquí y suele estar cortado... —empezó a decir el anciano.

—Pues el camino que estaba cortado era el otro y no este —interrumpió María— señor —añadió apresuradamente, por temor a parecer descortés.

—¿De veras jovencita? —dijo sonriendo el anciano—. Soy Águila Salvaje y ...

—¿Es usted indio? —interrumpió Álex de repente—. ¡Yo creí que los indios vivían en tiendas!

—Cierto que antes vivíamos en tiendas, pero hace ya mucho tiempo que las cambiamos por estas confortables casas de madera. Y quizá —continuó diciendo amablemente Águila Salvaje—, podría invitaros a tomar un té o café indio si dejarais de interrumpirme.

Álex y María enrojecieron al instante. Si les hubiera reñido no les hubiera hecho sentirse tan avergonzados. Murmuraron una disculpa y se quedaron muy quietos al lado de su madre, que si no hubiera estado tan sorprendida se hubiera echado a reír al verles tan colorados. Águila

Salvaje le estaba mirando reiterando su invitación y esperando su contestación.

—No quisiera molestarle —respondió Laura—, tan sólo necesito que me indique cómo ir a Livestone desde aquí.

—No es ninguna molestia —replicó el anciano—. Por favor, entren. Así podrán contarme como han llegado aquí y podré decirles cómo salir.

En parte por educación y en parte por necesidad, Laura aceptó su invitación. Águila Salvaje les condujo hasta la casa más cercana. Álex dio un codazo a su hermana y señaló una de las ventanas, pero un rápido movimiento de las cortinas impidió que viera nada. Aun así dirigió una mirada de complicidad a su hermano, alguien les estaba observando. Cuando se acercaron a la puerta pudieron oír unos pasos que se alejaban corriendo. Ambos hermanos se miraron sonriendo a medias, reconocían ese tipo de pasos, eran los de alguien que salía a toda prisa de una habitación donde se suponía que no debía estar, ellos mismos habían dado esos pasos muchas veces. Allí dentro había un niño, pensó María y casi al mismo tiempo como si le leyera el pensamiento, Álex le indicó con la mano dos y la señaló primero a ella y luego a él. Así que había dos, un niño y una niña, bueno, pensó María, quizá lo de tomar un té no fuera tan aburrido después de todo. Entraron detrás de su madre a una gran sala de cuyas paredes colgaban lanzas y arcos a modo de cuadros; en el centro, una chimenea redonda abierta por todos los lados permanecía apagada, preparada previsoramente con unos troncos, a la espera de la llegada del frío. De la pared opuesta partía un pasillo que conducía al resto de la casa y en el que María creyó ver a alguien; se inclinó un poco hacia un lado para apartarse de la chimenea y poder ver mejor. Este gesto no pasó inadvertido a Águila Salvaje que se echó a reír.

—Me parece que esta jovencita ha visto a alguien a quien le gustará conocer. Yerak, Kanae —llamó Águila Salvaje—, venid por favor.

Álex se quedó mirando a Águila Salvaje, ni siquiera había levantado la voz para llamar a Yerak y a Kanae, fueran quienes fueran, pero sintió que era una orden que no se podía desobedecer y pensó que Águila Salvaje era una persona con la que uno debía portarse bien si no quería tener problemas. Su atención se desvió hacia el pasillo cuando oyó unos pasos que se acercaban, eran un niño y una niña de la edad de su hermana, con los ojos verdes que contrastaban con la larga melena negra que ambos lucían y su tez tostada. A juzgar por su parecido debían ser gemelos. Se acercaron a Águila Salvaje y se quedaron muy quietos a su lado.

—Permítame que les presente —dijo Águila Salvaje—. Estos son mis nietos Yerak y Kanae. Niños, os presento a la Señora Sanders y a sus hijos María y Álex; son nuestros invitados y espero que les tratéis como corresponde.

—Buenas tardes —dijeron los gemelos al unísono—, es un placer conocerles.

—Buenas tardes —respondieron muy cohibidos ante tanta formalidad Álex y María. Aunque Álex miró de reojo a su hermana y vio que parecía un poco asustada, ¿qué le estaba pasando?, pensó, ella no se asustaba nunca por nada, pero no se atrevió a preguntar.

—Buenas tardes —saludó Laura, estrechando la mano de los dos niños—. Os aseguro que es un placer conocer a dos niños tan bien educados. Por lo altos que estáis supongo que debéis tener la misma edad que María, así que imagino que este año empezáis el instituto, ¿a cuál vais a ir? —preguntó por cortesía.

—Nosotros no vamos al instituto —contestó Kanae sorprendida.

—¿De veras? —respondió Laura—. Estaba convencida de que tendríais doce años.

—Sí, sí que tenemos doce años —explicó Yerak muy serio—. Pero no vamos a estudiar a ningún colegio. Nuestro abuelo es nuestro maestro, él nos enseña todo lo que debemos saber.

—¿Qué quiere decir su nieto con que no van al colegio? —preguntó Laura—. Me parece Águila Salvaje, que usted y yo tenemos más cosas de que hablar aparte de cómo regresar a casa —continuó Laura en un tono de voz que no admitía réplica.

Álex no pudo evitar lanzar un suspiro; cuando su madre se ponía así, sabía que iban a estar discutiendo sobre quien tenía razón y sobre la cuestión legal que les obligaba a estar escolarizados, etcétera, etcétera, etcétera. A menudo cuando su madre volvía de hablar con padres que no tenían escolarizados a sus hijos, solía aburrirles con toda la retahíla que les había soltado sobre el tema; al menos a él le parecía muy aburrido y temía que en aquella ocasión no tenían escapatoria.

—De acuerdo Señora Sanders —respondió Águila Salvaje con el mismo tono amable que antes—, pero, ¿qué le parece si dejamos que los niños salgan a bañarse un rato al lago? No creo que a ellos les interese demasiado esta conversación y nosotros podremos estar más tranquilos.

—Bien, lo cierto es que no se si... —empezó a decir Laura.

—Por favor mamá —imploró Álex.

—No se preocupe —añadió Águila Salvaje—, mis nietos cuidarán de sus hijos, habiéndose criado al lado del lago, son expertos nadadores.

—Está bien —cedió Laura—, pero en cuanto os llame venís en seguida, ¿entendido?

Yerak y Kanae les enseñaron una habitación donde podían cambiarse y dijeron que les esperarían fuera. Aunque amables no parecían muy habladores y María seguía igual de callada que cuando entraron en la casa. Había oído a sus padres hablar sobre la edad del pavo y no sé qué más cosas, sobre que María se estaba haciendo mayor, pero Álex pensó que si llegar a la edad del pavo (aunque no estaba seguro de que significaba) quería decir que uno se volvía tan tonto, mejor si él se la pasaba de largo.

Como les habían dicho, Yerak y Kanae les esperaban fuera. Casi sin hablar empezaron a andar hacia el lago. Al bajar del coche les había parecido que estaba muy cerca del pueblo, pero tuvieron que andar un buen trecho para llegar; no fue hasta entonces que se dieron cuenta de que el lago era inmenso, tan grande que la distancia que habían andado les parecía insignificante. Desde la orilla, la cascada era impresionante, pero su ruido no era ensordecedor porque desde donde ellos estaban, quedaba bastante lejos. De pronto Álex se dio cuenta de una cosa, si la cascada era tan grande y el lago tan enorme, debía ser muy profundo, así que se acercó cuidadosamente a la orilla

—No te preocupes —susurró a su lado Kanae, que se había acercado sigilosamente—, en la orilla no cubre, así que aunque no sepas nadar puedes meterte en el agua.

—¡Eh! —gritó ofendido Álex—. ¿Quién ha dicho que no sé nadar?

—Cómo te acercabas con miedo a la orilla... —continuó Kanae.

—¿Miedo yo? —fanfarroneó Álex—. ¡Ahora vas a ver! —dijo quitándose rápidamente la ropa—. Te hecho una carrera hasta la plataforma.

Sin dar tiempo a Kanae a reaccionar se metió corriendo en el agua y empezó a nadar hacia una plataforma de madera que estaba a unos cincuenta metros de la orilla. Pero Kanae no se quedó quieta y quitándose la ropa salió en pos de él. Cuando Álex ya estaba a punto de llegar, le atrapó y le ganó. Se giró hacia el muchacho sonriendo.

—¡Te gané! —dijo jadeando por el esfuerzo Kanae—. ¡Aunque casi no te atrapó!

—¿Qué casi no me atrapas? —dijo Álex mirando con admiración a Kanae—. ¡Si he salido muchísimo antes que tú! Eres muy rápida, nadas súper bien.

—Tú también nadas muy bien. ¿Por qué mirabas el lago con aprensión? Y no me digas que no te daba un poquito de miedo —añadió Kanae mientras se subía a la plataforma.

Álex se quedó apoyado con los brazos en la plataforma y el cuerpo en el agua, mirando hacia delante y sin decir nada. Kanae se sentó a su lado.

—¡Eh! —exclamó Kanae, dándole un empujoncito amistoso en el hombro—. ¿Qué pasa?

—Me da vergüenza —murmuró Álex.

—¿Por qué? —preguntó sorprendida—. ¿Por qué eres un chico?

—¡No! —respondió Álex casi enfadado—. ¡Qué va!

—¿Entonces? —insistió Kanae sonriéndose—. ¡Vamos!, no me reiré.

—Es que como soy pequeño —respondió apesadumbrado Álex—, si cubre mucho y no puedo apoyarme, me canso y no puedo seguir nadando.

—¡Eso es una tontería! —exclamó riendo Kanae, aunque paró de reír al ver la mirada furiosa de Álex—. ¡Vale, vale! Tranquilo, sólo quería decir que yo también me canso y soy mucho mayor que tú y mi hermano tampoco te creas que puede estar mucho rato sin tocar el suelo, seguro que a tu hermana le pasa igual. Mira, ¡ni siquiera se ha metido en el agua!

Álex soltó un bufido despectivo mientras se encaramaba a la plataforma y se sentó al lado de Kanae. Miró hacia la orilla y vio que su hermana estaba sentada mirando al suelo y jugueteando con la tierra.

—No sé —dijo Álex frunciendo el ceño—, está muy rara. A ella le encanta el agua. Mi padre siempre dice que parece un delfín.

—Bueno, será que le da vergüenza estar con nosotros —dijo Kanae encogiéndose de hombros—. Va, te hecho una carrera hasta la orilla, pero esta vez nos tiramos de cabeza desde aquí.

—¡Oye, para! —le detuvo Álex—. Que yo no sé tirarme de cabeza.

—Si quieres te enseño —dijo Kanae.

Se pusieron de pie sobre la plataforma y Kanae le explicó como tenía que hacerlo. Lo intentó un par de veces y se pegó unos buenos barrigazos. Estuvo a punto de dejarlo correr, pero Kanae le convenció y volvió a intentarlo.

María seguía sentada jugueteando con la arena. De vez en cuando miraba de reojo a Yerak, pero si veía que él la miraba apartaba la vista. Varias veces hizo el gesto de empezar a hablar pero se lo pensó mejor y no dijo nada. Al final optó por quedarse mirando a su hermano que parecía estar pasándoselo en grande con Kanae, claro como él no tenía ni idea de...; sacudió la cabeza y pensó que era una tonta, en el fondo ella tampoco tenía ni idea de lo que estaba pasando. Se sobresaltó cuando Yerak se sentó a su lado.

—Hola —dijo Yerak tímidamente—, parece que se lo están pasando muy bien, ¿no? —continuó hablando, señalando a Álex y a Kanae—. ¿Te apetece que vayamos con ellos?

María se encogió de hombros y se levantó. Yerak la imitó y empezó a desvestirse.

—Quizá preferirías montar a caballo —dijo Yerak de pronto—, creo que montas muy bien —añadió como quien no quiere la cosa.

—Nadar ya está bien, me gusta mucho —contestó cortésmente—, aunque montar a caballo también me gusta. ¡Eh! Un momento —María se quedó mirando fijamente a Yerak—. ¿Cómo sabes que monto a caballo?

—Porque te he visto —respondió simplemente Yerak.

—¿Cómo que me has visto? —exclamó enfadada, no le gustaba que le tomaran el pelo—. ¡Si no nos habíamos visto hasta esta noche! —añadió sin pensar.

—¡Ajá! —Yerak le señaló con la mano acusadoramente—. ¡Así que tú también lo tuviste!

—¿El qué? —preguntó cortante. No estaba dispuesta a ser la primera en reconocer nada; era demasiado extraño para delatarse.

—El sueño —murmuró colorado. Suspirando tomó fuerzas y se atrevió a continuar, viendo que María no se reía ni le interrumpía—. El sueño donde tú montabas a Tormenta y Kanae y yo te saludábamos desde el pie de la montaña.

—Sí lo soñé, pero no entiendo como tú también lo soñaste, porqué sino cómo lo sabes —añadió recelosa.

Yerak titubeó un poco antes de continuar; entre su pueblo aquellas cosas eran normales, pero María y Álex eran de otro mundo y seguramente ni le entenderían, ni le creerían. Pero después de todo María había tenido el mismo sueño, así que al final se arriesgó a contárselo. Iba a empezar a hablar cuando Kanae y Álex llegaron corriendo.

—¡María! —empezó a decir Álex—. ¿Me has visto? ¡He aprendido a tirarme de cabeza! ¡Me ha enseñado Kanae! —pero se calló de repente al verlos tan serios.

—¿Qué pasa? —preguntó extrañada Kanae—. ¿Es que os habéis peleado?

—No, no es eso, es que... —empezó a decir Yerak, pero se calló indeciso y se quedó mirando a María.

—Bueno, la verdad... —quiso continuar María, pero se mordió el labio, ¿cómo iba a contárselo a su hermano y a Kanae, que además no la conocía? Todo era muy extraño y complicado.

—Kanae, el otro día oí a mis padres decir que María estaba a punto de entrar en la edad del pavo, o no sé qué. —le dijo Álex mirándola con cara de no entender nada de lo que estaba pasando—. ¿Tú crees que a tu hermano le pasa igual y por eso están tan tontos?

—¡No seas bestia! —riñó María a su hermano dándole un pequeño empujón—. Lo que pasa es que Yerak y yo hemos soñado lo mismo y en el sueño salíamos su hermana, él y yo, ¡vale! —dijo sin pensar. Se calló cuando vio que su hermano le miraba con la boca abierta. Dio una patada al suelo enfadada. No quería decírselo a nadie más. Hablarlo con Yerak aún, después de todo habían tenido el mismo sueño, pero a ellos dos, no estaba muy segura de querer que lo supieran.

—¿En serio? —preguntó Kanae. María le miró sorprendida, Kanae parecía muy interesada y nada asustada—. ¿Crees que es un sueño premonitorio? —preguntó a su hermano.

—¿Qué es un sueño *precomitorio*? —preguntó Álex.

—Premonitorio —aclaró Kanae—, es un sueño sobre el futuro, son sueños que te muestran lo que puede pasar.

Álex y María miraron alucinados a Kanae, hablaba de todo aquello como si fuera lo más normal del mundo, pero a ellos les parecía de todo, menos normal. María se sentó mareada en una piedra. Quería preguntar muchas cosas pero no sabía por dónde empezar, así que se limitó a mirar a Yerak interrogadoramente. Yerak le devolvió la mirada sonriendo, ahora que ya habían empezado a hablar y que su hermana estaba con él, se sentía más seguro y tranquilo.

—Mi abuelo dice que nosotros los —empezó a decir Yerak, pero se detuvo al ver la mirada furiosa de su hermana—, ejem, los indios Maiutacs —continuó mirando burlón a Kanae—, podemos tener sueños que nos dicen cosas sobre el futuro, o que nos dan pistas sobre lo que va a pasar.

—¿Qué crees que significa nuestro sueño? —preguntó María olvidando su sorpresa.

—No lo sé —contestó Yerak—. No tengo ni idea.

—Quizá si se lo contáramos al abuelo nos podría decir lo que significa —dijo Kanae.

—¿Bromeas? —exclamó María—. Entonces tendríamos que explicárselo a mi madre. Paso.

—A lo mejor —empezó a decir Álex mientras jugueteaba con la botellita azul que le colgaba del cuello—, tuvisteis este sueño para que supierais que podíais ser amigos —al ver que los tres niños le miraban sorprendidos se apresuró a decir—, bueno, sólo era una idea.

—No sueles tener grandes ideas —dijo María bromeando—, pero creo que esta vez podrías tener razón. ¿Vosotros que decís? —preguntó a los gemelos, pero ellos seguían mirando fijamente a Álex—. Chicos, ¿qué os pasa?

—¿De dónde has sacado ese colgante? —preguntó de sopetón Yerak.

—Me lo encontré, ¿y qué? —contestó Álex a la defensiva.

—Yo también tengo uno —dijo María para suavizar la situación—. Nos los encontramos en el río Watson mientras nadábamos.

—¿Puedo verlos? —preguntó Kanae.

María y Álex le dieron los collares a Kanae, que los inspeccionó detenidamente. Luego se los pasó a su hermano. Yerak los sostuvo un poco en la mano pensativo y al cabo de un momento se los devolvió. Los cuatro se miraron extrañados, María y Álex volvían a no entender lo que estaba pasando, Yerak y Kanae, en cambio, estaban sorprendidos por el hallazgo de los collares. De pronto Yerak se descolgó una botellita del cuello idéntica a la de los dos hermanos, pero de color dorado. Su hermana le imitó y sacó otra botellita, también de color dorado.

—Entonces ¿estos collares son vuestros? —preguntó tímidamente Álex, sosteniendo todavía el colgante en la mano.

—No, no son nuestros y no creo que sean de nadie del poblado —contestó Yerak.

—¡Pero si son iguales que los vuestros! —exclamó Álex—. ¿Cómo no van a ser de nadie de aquí?

—Verás, es que todos tenemos estos colgantes, pero son dorados, no había visto nunca ninguno de otro color —explicó Yerak.

—¿Todos tenéis colgantes como estos? —preguntó María—. ¿Por qué?

Los gemelos se miraron, parecían incómodos ante esa pregunta. Yerak empezó a balbucear algo sin sentido, pero su hermana le interrumpió.

—Será mejor que recojamos todo y vayamos a ver a mi abuelo —dijo Kanae—. Esto es muy importante.

Aunque de mala gana, Álex y María hicieron caso a Kanae. Entre los cuatro recogieron en un momento. Se dirigieron rápidamente a casa de los gemelos. Estaban a punto de entrar cuando María les detuvo.

—María por favor —dijo Kanae—, ya te he dicho que debemos hablar con mi abuelo.

—No es eso —contestó María—. Es que están discutiendo. Será mejor que llamemos antes de entrar.

—Está bien —contestó ruborizada Kanae—, de acuerdo —dijo llamando a la puerta.

—Adelante —respondió Águila Salvaje—. Vaya, sois vosotros, ¿ya os habéis cansado?

—Venimos a contarte una cosa abuelo —contestó Yerak.

—¿Os ha pasado algo? —preguntó Laura al verlos tan serios—. ¿Estáis bien?

—Sí mamá —se apresuró a contestar María—. Es sobre las botellitas que encontramos en el río. Yerak y Kanae también tienen unas y dicen que no pueden ser de nadie de aquí.

—¿Puedo verlas? —preguntó Águila Salvaje

Álex y María se quitaron otra vez los collares y se los dieron a Águila Salvaje que los estuvo mirando un rato. Al final se los devolvió a los niños.

—Bueno, sin duda son collares hechos por nuestro pueblo —dijo tranquilamente Águila Salvaje—. Pero puedo aseguraros que no pertenecen a nadie de aquí. Podéis quedároslos.

—¿De verdad? —dijeron al unísono los dos hermanos—. ¡Gracias!

—Es usted muy amable —agradeció Laura—, pero ¿seguro que no pertenecerán a otra persona?

—No se preocupe —contestó Águila Salvaje—. Como ya le dije, no mantenemos contacto con nadie fuera del pueblo.

—En ese caso le doy las gracias —contestó Laura—. Bien, se ha hecho tarde y será mejor que nos marchemos. Volveré otro día para acabar de concretar algunas cosas con usted. Ha sido un placer conocerles. Niños, despediros ya.

—¡Mamá! Aún es muy pronto —se quejaron ambos hermanos—. ¿No podemos quedarnos un poco más?

—Lo siento pero no —replicó su madre—. Ya es hora de que nos vayamos.

Se despidieron de Yerak y de Kanae, que también parecían muy tristes y de Águila Salvaje y subieron al coche. Cuando ya se iban se dieron la vuelta y vieron que Yerak y Kanae seguían diciéndoles adiós con la mano. Yerak les gritó algo, pero no pudieron entenderle muy bien. Pronto cruzaron el túnel de flores y llegaron al camino. Regresaron por donde habían venido. Su madre les había explicado que no tenían tiempo de ir a Livestone y que por eso volvían directamente a casa. El viaje de regreso se les hizo corto, a pesar de que ninguno de los tres habló demasiado. Laura estaba concentrada en la carretera y los niños estaban pensativos. Había sido un día muy extraño.

Cuando llegaron a casa, su padre les estaba esperando con la cena preparada. Le contaron todo lo que les había pasado y conforme se lo explicaban se animaron un poco. Sobre todo Álex, que estaba muy emocionado por haber aprendido a tirarse de cabeza. También le enseñaron los colgantes y a su padre le gustaron mucho. No pararon de hablar de Yerak y de Kanae y de lo bonito que era su pueblo.

—Vaya, veo que habéis tenido un día lleno de aventuras —respondió su padre cuando terminaron de explicárselo—. Aunque creo que lo más importante es que habéis hecho dos nuevos amigos.

Capítulo 3:

Se acaba el verano

Álex se despertó pronto y se quedó escuchando, la casa estaba en silencio, bien, pensó, aún no se había levantado nadie. Eso le daba un poco de tiempo. El día anterior se habían ido tan rápido de Maiutac, que ni siquiera había podido darles la dirección a los gemelos, pero tenía un plan. Por la noche, sentado en la escalera, justo antes de acostarse, había oído a sus padres discutir sobre lo que tenían que hacer aquel día y su madre había dicho que volvería muy temprano a Maiutac para hablar otra vez con Águila Salvaje. Su hermana ya estaba acostada, así que no se lo pudo contar, pero había decidido despertarla y bajar a desayunar pronto, de este modo estarían listos cuando su madre se marchara y podrían irse con ella. Satisfecho por haberse despertado temprano se levantó y fue a despertar a María.

—María, María —llamó tímidamente Álex. Al ver que su hermana no se despertaba, la zarandeó suavemente, apartándose por si acaso se levantaba de mala leche.

—Uf, buenos días Álex —dijo María desperezándose—. ¿No es un poco pronto para levantarse?

—Veras, es que ayer oí como mamá le decía a papá que se levantaría muy temprano para volver a Maiutac, si nos damos prisa quizá podamos ir con ella otra vez —explicó Álex.

—Buena idea renacuajo —le dijo María cariñosamente—. Como ya estás vestido, no me esperes, voy al baño y bajo en seguida.

Álex bajó corriendo las escaleras, procurando no hacer ruido para no despertar a sus padres. Estaba convencido de que conseguiría ir a Maiutac con su madre ¡Tenía tantas ganas de volver a ver a Yerak y a Kanae! Al llegar a la cocina se quedó de piedra cuando vio a su padre leyendo el periódico. Sus ojos pasaron de su padre al fregadero, dos tazas, dos platos sucios,..., era evidente que sus padres ya habían desayunado. Un escalofrío recorrió su espalda y pensó que no podía ser que tuvieran tan mala suerte, su madre no podía haberse ido. Se volvió hacia su padre, pero estaba tan decepcionado que no podía articular palabra, se limitó a abrir y cerrar la boca un par de veces, al final dejó salir un suspiro largo y compungido.

—¡Álex! —dijo su padre sobresaltado—. No te había oído. ¿Ya estáis levantados? —preguntó al oír ruido en el cuarto de baño.

—Sí —respondió Álex sin muchas ganas—. ¿Mamá ya se ha ido?

—Tenía mucho trabajo y se ha levantado muy temprano —respondió su padre—, como vosotros —añadió extrañado.

—Mmm —murmuró cansinamente Álex, sentándose al lado de su padre.

En ese momento llegó María corriendo y, como Álex, se quedó estupefacta ante la mesa de la cocina al ver a su padre con el periódico en la mano y a su hermano sentado con cara afligida.

—¿Y mamá? —preguntó María.

—¡Pero bueno! —exclamó su padre. – ¿Qué os pasa hoy con vuestra madre? Quizá podrías darme los buenos días para empezar —añadió empezando a enfadarse.

—Perdona papá —se disculpó María desganada, sentándose enfrente de su hermano.

—Eso está mejor, pero aún estoy esperando una explicación —insistió su padre.

Ambos niños se quedaron mirando a su padre desconcertados. Una explicación ¿de qué?

—Estoy esperando chicos —apremió su padre.

—Lo siento papá —se atrevió a decir tímidamente María—, pero no sé a qué te refieres.

—¡Esto es demasiado! —exclamó su padre.

Parecía cansado y nada dispuesto a aguantar tonterías. Álex y María se encogieron un poco en sus asientos; debieron poner una cara de desconcierto bastante evidente, porque su padre de pronto suspiró y se relajó un poco.

—Vaya, me parece que os habéis levantado, pero todavía no estáis despiertos. Vamos a ver, ¿por qué queréis saber dónde está mamá? —preguntó Raúl.

—Es que queríamos volver con ella a Maiutac —dijo sin pensar Álex, aunque al ver los ojos desorbitados de su hermana supo que había hablado demasiado.

—Un momento Álex, ¿cómo sabíais que vuestra madre iba hoy a Maiutac? —preguntó Raúl frunciendo el ceño.

—Bueno, verás papá es que yo —empezó a decir Álex, a sabiendas que se estaba metiendo en un lío—, al salir del baño os oí hablar a ti y a mamá sobre que tenía que volver para hablar con Águila Salvaje y me quedé escuchando en las escaleras; se me ocurrió que sí madrugábamos podríamos ir con mamá.

—¡Esto es el colmo! —exclamó su padre, ahora ya muy enfadado—. Así que ahora te dedicas a escuchar a escondidas y a hacer planes a nuestras espaldas.

—No papá, sólo ha sido esta vez, fue sin querer —se justificó Álex.

—Aunque fuera por casualidad, si tanto interés tenías en volver a Maiutac, deberías haber sido honesto y habérnoslo contado —contestó su padre.

—Lo siento papá —se disculpó Álex.

—Y tu María, cuando tu hermano te lo ha contado, ¿cómo no se te ha ocurrido contármelo o decirle que no? —preguntó su padre, indignado por el comportamiento de sus hijos. María miró al suelo sin saber que contestar—. Está bien, cómo sois suficientemente mayores para decidir que podéis hacer y que no, también sois suficientemente mayores para limpiar vuestras habitaciones a fondo, como lo haríamos mamá o yo. Ya sabéis dónde están la fregona y la aspiradora, los paños del polvo están en el armario de la limpieza. Desayunad y subidlo todo, yo ya os llevaré el cubo de la fregona con el agua y el detergente.

Los dos niños no se atrevieron a replicar a su padre. Desayunaron casi sin hambre y subieron a recoger las habitaciones. Su padre les había dejado el cubo de la fregona lleno al lado de la habitación de María. Entraron cada uno en su habitación y empezaron a ordenarlas. Álex se sentó en su cama y suspiró, pensaba haber pasado un día genial en Maiutac y en cambio tenía por delante todo un día de trabajo.

—Yo también les echo de menos —Álex se sobresaltó al oír a su hermana—. Lo siento pequeñajo, no quería asustarte.

—Si nos oye papá hablando nos reñirá —dijo Álex preocupado.

—No creo, verás, tengo una idea —respondió María.

—Ay, no —se quejó Álex.

—Tranquilo —dijo María riendo—, que no es para escaquearnos del trabajo, sino para hacerlo mejor.

—¿Eh? —exclamó Álex desconcertado.

—Mira, he pensado que si los dos hacemos juntos una habitación y luego la otra, no será tan aburrido —explicó María.

—¿No se enfadará papá? —preguntó Álex.

—Hombre, seguimos cumpliendo el castigo —dijo María—. Aunque quizá como papá nos ha reñido por ir por nuestra cuenta, sin pedir permiso, será mejor que se lo preguntemos.

—Sí, será mejor —asintió Álex convencido—. Ya bajo yo, después de todo, la culpa ha sido mía así que... —añadió Álex encogiéndose de hombros.

Su padre estaba en su despacho trabajando; tenía la puerta entreabierta y podía verle concentrado dibujando unos planos. Tenía cara de pocos amigos y Álex se quedó dubitativo delante de la puerta, pero tragó saliva y llamó. Aunque su padre no parecía muy receptivo, Álex le explicó la idea que había tenido María y le pidió permiso para limpiar juntos. Su padre se quedó pensativo unos instantes y Álex pensó que no les dejaría, pero al final accedió y Álex subió corriendo a su habitación.

—¿Qué ha dicho papá? —preguntó María.

—Que sí —dijo Álex—, pero que si nos ponemos a jugar o lo hacemos mal, nos volverá a castigar.

—Pues venga —apremió María—, manos a la obra. Mira Álex limpia tú el polvo, que yo limpiaré los cristales.

—Vale —respondió Álex cogiendo un paño—. Oye, ¿crees que volveremos a ver a Yerak y a Kanae?

—¡Por supuesto! —respondió rápidamente María—. Bueno, eso espero —en el fondo quería creer que volverían a estar juntos, pero no estaba segura.

Álex se sentía igual que su hermana, quizá incluso un poco más inquieto, por lo que no dijo nada más. Se puso a ordenar las cosas de su habitación y su hermana le imitó. De repente parecía asaltarle alguna duda y se volvía hacia su hermana para contárselo, pero cambiaba de opinión y seguía limpiando. María mientras tanto parecía concentrada en su trabajo, pero su imaginación volaba lejos, llevándola de regreso al poblado de los Maiutacs. Por un instante cerró los ojos y casi pudo oír el ruido de la cascada. Suspiró y se volvió hacia su hermano. La habitación ya estaba limpia y ahora les tocaba ir a la suya. Casi como si pudiera saber lo que ella estaba pensando, Álex asintió y se fue al cuarto de María, mientras ella se quedaba mirándole desconcertada, sacudió la cabeza pensando que eran imaginaciones suyas y siguió a su hermano. Antes de que se dieran cuenta ya habían acabado. Recogieron las cosas y bajaron a la cocina. Álex se sentó desganado a la mesa mientras María guardaba la fregona en el armario de la cocina.

—Voy a decirle a papá que ya hemos terminado —dijo María.

—Mmm —contestó Álex mecánicamente. María sabía que estaba pensando en Yerak y Kanae y le dejó tranquilo.

Su padre todavía estaba en el estudio y se sorprendió cuando María le explicó que ya habían limpiado las habitaciones.

—¿Ya habéis terminado? —dijo su padre—. ¡Qué rápidos! Dame cinco minutos y subo a preparar la comida. Si quieres ves poniendo la mesa y así acabaremos antes.

—Dalo por hecho —respondió María más contenta al ver que a su padre se le había pasado el enfado.

Álex estaba medio adormilado y le dejó descansar. Puso la mesa y cuando su padre subió ya estaba todo apunto. Su padre preparó la comida en un momento y se sentaron a comer. No se habían dado cuenta pero cuando su padre puso la comida en los platos, la devoraron con avidez, con tanto esfuerzo les había entrado hambre.

—Bueno, esto es otra cosa. Veis, si soy obedientes siempre hay una recompensa —dijo su padre cuando acabaron de recoger los platos.

—¿Qué quieres decir? —preguntó Álex extrañado.

—Que estáis tardando en coger los bañadores, ¡nos vamos a la piscina!

—¡Bien! —exclamaron contentos los dos hermanos.

Casi sin dar tiempo a su padre, los dos niños se cambiaron, cogieron las toallas y bajaron dispuestos a subirse al coche. La piscina no quedaba muy lejos y llegaron en seguida. Los tres estuvieron un buen rato nadando y jugando. Su padre era un gran nadador y los paseaba buceando sentados a su espalda. Siempre bromeaba que pronto ya no podría hacerlo porque estaban creciendo mucho, pero en el fondo a él le encantaba. Pero el trabajo de la mañana pasó factura a los dos hermanos y salieron a descansar un rato. Su padre se quedó para hacer unas cuantas piscinas. Los niños se estiraron en las toallas y Álex se quedó dormido. Se despertó sobresaltado por algo que le había rozado el brazo.

—¡Ah! —gritó Álex al ver la mantis religiosa que se había puesto en su toalla—. Por favor, desaparece, ¡desaparece! —gritó asustado cogiendo inconscientemente la botellita que llevaba colgada. La mantis desapareció al instante.

—¡Ya no está! —gritó María alucinada.

—Chicos, ¿qué pasa? —preguntó su padre jadeando; al oírlos chillar había vuelto corriendo.

—Había una mantis religiosa en mi toalla y ya no está —explicó Álex desconcertado.

—Bueno, no te preocupes, seguramente ha huido despavorida ante tus gritos —contestó su padre riendo.

—Papá es que ha desaparecido de repente —insistió María.

—Vamos, tranquilos, habrá saltado y con el susto vosotros ni os habéis dado cuenta —dijo su padre dando por zanjado el tema—. Aprovechando que ya estamos todos fuera del agua, será mejor que nos vayamos, sino se nos hará muy tarde.

—¡Pero si sólo son las cinco, papá! —protestó Álex, ahora que se había despertado, le apetecía darse otro baño.

—Ay, ay, ay, que alguien se ha olvidado de que día es mañana —dijo con picardía su padre.

—¿Qué día es? —preguntó María.

—¿Tú también te has despistado? —preguntó su padre riendo—. Mañana empiezan las clases.

—¿Ya se han acabado las vacaciones? —dijo incrédulo Álex—. No, no, no puede ser.

—Sí, sí, sí puede ser —respondió su padre—. Va, recojamos todo y vámonos a casa que hay que preparar vuestras mochilas.

Obedientes, los dos hermanos recogieron las toallas y siguieron a su padre, un poco cabizbajos. Los dos iban pensando que si empezaban las clases no les quedaría tiempo para ir a Maiutac. ¿Quién sabe cuándo volverían a ver a los gemelos? Cuando llegaron a casa su madre ya había vuelto.

—¡Hola mamá! —saludaron contentos—. ¿Qué tal ha ido el día?

—¡Ja! —interrumpió su padre antes de que pudiera contestar Laura—. No te hagas la disimulada María y pregúntale si ha visto a tus amigos.

—¿Qué pasa aquí? —preguntó Laura.

—Luego te lo explico —dijo Raúl dándole un beso.

—Está bien —se conformó Laura, sospechaba que sus hijos habían liado alguna—. Sí, he estado en Maiutac y los gemelos me envían recuerdos para los dos. Y ahora, no perdamos más tiempo y vamos a preparar las mochilas para el colegio, luego cenaremos pronto, que más vale que el primer día de clase, que es un día lleno de emociones, estéis frescos y descansados.

Hicieron caso a su madre, no tenían ganas de más disgustos. Prepararon las mochilas, los libros de la semana, el chándal y todas las cosas que necesitarían. A pesar de tenerlo todo bien ordenado, tardaron un rato en tenerlo todo a punto. Cuando acabó María fue a ver que hacía su hermano. Álex estaba estirado encima de la cama jugueteando con la botellita. La mochila y sus cosas estaban preparadas en un rincón. María se sentó a los pies de la cama.

—Tú lo has visto, ¿verdad? —preguntó de pronto Álex.

—Sí, ha desaparecido, o al menos se ido tan rápido que lo ha parecido —contestó dubitativa su hermana. La explicación de su padre era más lógica que creer que la mantis religiosa había desaparecido así sin más.

—Ha sido magia —dijo Álex convencido.

—¡Anda ya! No puede ser, además la magia no… —empezó a decir insegura María— los adultos dicen que la magia no existe.

—Pero es cierto —insistió Álex sentándose—. Mira cuando desee que desapareciera yo estaba sujetando la botella azul.

—¡A cenar! —llamó su madre interrumpiéndoles.

—No sé Álex, es raro, lo reconozco, pero de ahí a decir que es cosa de magia… —contestó María.

—Vamos, que la cena está lista —volvió a llamar su madre.

—Será mejor que bajemos —dijo María.

Los dos hermanos bajaron a cenar. Entre lo que les había pasado, lo que estaban pensando y lo cansados que estaban, no hablaron mucho y en cuanto acabaron de cenar sus padres los mandaron a la cama. Mientras se cambiaba, María pensó que quizá si eran mágicas esas botellitas; si al menos pudieran hablar con Yerak o con Kanae, a lo mejor ellos sabrían más sobre las botellas. Se estiró en la cama bostezando y pensando que debía ir a decirle a su hermano que le creía, pero antes de que pudiera levantarse ya se había quedado dormida.

—¡Dormilones a levantarse! —llamó Laura—. Ayer que les interesaba, se levantan temprano y hoy que hace falta, no se despiertan. Venga niños, ¡con la de emociones y sorpresas que os esperan hoy!

—Yo quiero dormir —protestó María dándose la vuelta—, tengo sueño.

—Venga perezosa —zarandeó cariñosamente su madre—, sabes que si no te levantas pronto llegaremos tarde.

A regañadientes y con legañas en los ojos los dos hermanos se levantaron y se fueron al baño. Cuando estuvieron listos bajaron a desayunar sin parar de bostezar. Por suerte al tener sus mochilas preparadas no les costó mucho estar listos para ir a la escuela. Su colegio no quedaba muy lejos pero si lo suficiente para tener que ir en coche. A pesar de ser un trayecto corto los dos hermanos cabecearon un rato. Al llegar al colegio, se despidieron de su madre y al ver a sus compañeros se fueron despejando mientras reían y se contaban lo que les había pasado durante el verano. Cuando Álex vio que su hermana estaba con uno de los chicos más populares se preocupó pensando que quizá cometiera una tontería para impresionarle y le enseñara el colgante, pero esta vez fue su hermana la que se volvió y le miró dándole a entender que no diría nada. Álex se quedó muy sorprendido, ¿acaso había oído lo que estaba pensando? Suspiró, deseando ver pronto a Yerak y a Kanae; tenía muchísimas cosas que preguntarles. Todavía cabizbajo entró con sus compañeros a su aula.

—Buenos días clase —saludó el profesor. Al oírle Álex salió de su ensimismamiento y se quedó mirándolo, debía ser nuevo—. Soy el profesor Rening y os daré clases durante este curso.

—Buenos días profesor Rening —respondieron los alumnos.

—Cómo no sé cuál es vuestro nivel hoy haremos unos sencillos test para saber cómo andáis de las materias principales como matemáticas y lenguaje —dijo el profesor Rening. Se oyeron gemidos de protesta—. No os preocupéis, no contaran como nota, en principio —añadió bajito. Álex sintió un escalofrío, no sabía muy bien porqué pero desconfiaba del nuevo profesor. No hizo más que pensarlo cuando él le miró a los ojos fijamente. Ahora sí que Álex se sintió asustado—. Tú, jovencito, ¿cómo te llamas?

—Álex Sanders —contestó temeroso.

—Bien Álex, coge los exámenes que están en mi mesa y repártelos —ordenó Rening.

Obediente, Álex repartió los exámenes a sus compañeros y se sentó en su pupitre. Durante toda la mañana, hasta que sonó la campana del recreo, estuvieron rellenando los test. Cuando oyó el timbre suspiró aliviado, vaya primer día de clase, era la peor pesadilla de cualquier alumno. Se estiró y se levantó para entregar su examen al profesor. Rening sonreía a sus alumnos mientras le entregaban los exámenes. Cuándo Álex le dio el suyo tuvo la sensación de que a pesar de su gran sonrisa sus ojos eran fríos e inquisidores y no parecían sonreír en absoluto. Le entregó sus hojas y salió corriendo al patio, aliviado de librarse del profesor. Por suerte después del recreo tenían gimnasia y esperaba que tuvieran al profesor Casasayas, era mucho más divertido que el señor Rening.

—Álex. ¡Eh, Álex! Ven aquí —llamó María. Álex se quedó parado, desde que entró en el colegio, cuando era pequeño, su hermana le había explicado que existía una norma, inventada por ella, claro, que no debía saltarse jamás y era fingir que no existía, no llamarla bajo ningún concepto y sobre todo, no ponerla en evidencia delante de sus amigos.

—¡Ya voy! —contestó Álex acudiendo al rincón dónde estaba su hermana—. ¿Te pasa algo?

—¡Sorpresa! —gritaron detrás de él.

—¡Yerak, Kanae! —saludó abrazándoles—. ¿Qué estáis haciendo aquí?

—Van a mi clase —dijo orgullosamente María.

—¡Eh! —protestó Yerak—. Vamos a vuestro colegio —se estaba dando cuenta que a veces María tenía tendencia a pavonearse un poco.

—Dijisteis que no ibais a ningún instituto, que vuestro abuelo era vuestro profesor—dijo Álex.

—Sí, es cierto —contestó Kanae—. Ya visteis como se puso vuestra madre al oírlo, ¿no? Pues de alguna forma convenció a nuestro abuelo para que nos inscribiera en este instituto y ahora iremos con vosotros a clase, bueno, con María, pero en el recreo y en el comedor podemos estar juntos. Creo que necesitaremos que nos expliquéis muchas cosas de este lugar.

—Bueno —empezó a decir María, mirando a su hermano en busca de apoyo—, me parece que vosotros también tenéis que contarnos alguna cosa —empezó a decir mientras se sacaba su colgante, pero Álex de un manotazo se lo volvió a esconder y se levantó de la acera donde se habían sentado los cuatro.

—Será mejor que os enseñemos el colegio, como sois nuevos debéis saber dónde está el gimnasio, la enfermería y os enseñaremos dónde está el comedor. Venga, vamos antes de que se termine el recreo —apremió Álex fingiendo que aquel era el tema de su conversación. Los gemelos y María estaban desconcertados pero de algún modo supieron que no debían replicar. Pasaron cerca de un profesor que no conocían y María se estremeció asustada sin saber por qué.

—¿Sabes quién es ese profesor? —preguntó María, cuando se alejaron lo suficiente.

—Es Rening, el nuevo profesor de mi clase —contestó Álex.

—No me gusta nada —dijo Kanae—. Me pone los pelos de punta.

—A mí tampoco me gusta será mejor que no digamos nada delante de él —dijo Yerak—. No sé por qué pero me da mala espina. De hecho, será mejor que no hablemos de ya sabéis que en la escuela. Es mejor que no nos oiga nadie.

—Pero hay muchas cosas que os queremos preguntar —protestó Álex—. Ayer me pasó algo muy raro.

—¡Cállate! —ordenó María.

Por detrás de la esquina del comedor apareció el señor Rening, parecía estar inspeccionándolo todo, como si quisiera conocer el lugar, pero los chicos sintieron que lo que realmente estaba haciendo era espiarlos. La señorita Alice alcanzó al profesor Rening y juntos se alejaron mientras ella le iba enseñando la escuela. Los niños respiraron aliviados.

—Tenéis razón no debemos hablar aquí, ¿qué os parece si venís a nuestra casa después del colegio? —dijo María cuando los dos profesores estuvieron lo suficientemente lejos.

—No creo que podamos —contestó Kanae—. Hemos tardado dos horas para llegar esta mañana y supongo que mi padre querrá que nos vayamos enseguida.

—Dos horas —repitió Álex—, menuda paliza. ¿Vais a tener que pasaros cuatro horas en el coche para venir a clase?

—Sí, me temo que sí —dijo Yerak—. Oye María, antes nos has hablado de que nos ponen deberes, no bromeabas, verdad.

—Hoy seguramente nos libraremos, pero a partir de mañana nos irán poniendo deberes que tenemos que traer para la siguiente clase —explicó María.

—Vaya palo —dijo Yerak, parecía cansado. María supuso que se habrían levantado temprano y se avergonzó un poco pensando en lo que había protestado ella aquella mañana.

Sonó la campana y volvieron a sus clases. Ahora que había visto a los gemelos, estaba muy contento y ni siquiera el inquietante profesor Rening pudo estropearle el día. Al terminar las clases salió corriendo para ver si les encontraba y sintió un poco de envidia de María, los tres iban juntos a clase, que suerte. Los encontró en la puerta del patio.

—Mira, es mi padre, está hablando con tu madre —dijo Kanae cuando llego Álex—. Vamos os lo presentaré.

Los chicos saludaron a sus respectivos padres, parecían estar charlando amigablemente y por la sonrisa de su madre, María supo que estaba tramando algo.

—¿Qué pasa mamá? —preguntó María.

—Algo interesante, pero esperaré a mañana para contároslo si Cuervo Gris accede a ello, claro —dijo Laura enigmáticamente.

—Ya te diré algo mañana —dijo Cuervo Gris, continuando con la conversación que tenían—. Tengo que hablarlo con mi mujer primero, son demasiados cambios en poco tiempo.

—Hasta mañana entonces —contestó Laura.

Los niños se despidieron y se marcharon a su casa. Vaya día, pensó Álex, el profesor Rening, Yerak y Kanae en el instituto, suerte que el colegio compartiera las instalaciones con el instituto, sino, no podría verles. En fin, con tanto jaleo casi se había olvidado de la botella azul. Dijera lo que dijera su hermana, estaba convencido de que era mágica.

—Yo también lo creo —dijo de pronto su hermana—, sino, ¿cómo se lo que estás pensando?

Antes de que un muy sorprendido Álex pudiera contestarle, llegaron a casa y no tuvieron oportunidad de hablar. Cuando se fueron a dormir Álex deseó de todo corazón tener la oportunidad de averiguar que estaba pasando y que significaban aquellos colgantes tan extraños.

Capítulo 4:

La magia de las botellas

Álex y María se despertaron temprano, incluso antes de que Baldric decidiera despertarles, se arreglaron para ir al colegio y bajaron a desayunar. Ambos tenían muchas ganas de volver a ver a los gemelos aunque estaban un poco preocupados, ¿cómo conseguirían averiguar todo lo que querían saber sobre las botellas? Los dos desayunaron cabizbajos, sin hablar. A María lo que más le inquietaba era el hecho de que a veces podía sentir lo que pensaba Álex y no entendía ni cómo ni porqué, a pesar de que empezaba a sospecharlo. Cada vez estaba más convencida de que su hermano tenía razón y que las botellas eran mágicas. En cuanto su padre les llamó corrieron al coche, Álex pensó que encontrarían alguna manera de hablar con sus amigos y se animó un poco.

—Creí que mamá nos llevaría hoy —dijo María.

—No —contestó su padre.

—¿Por qué? —preguntó extrañado Álex—. ¿No tenía vacaciones?

—Sí, pero tiene algo que hacer —respondió su padre.

—¿Qué es? —preguntó María, empezaba a intrigarle que su padre fuera tan escueto en sus respuestas.

—Comprar y arreglar algo en casa —contestó su padre. Los dos hermanos se miraron extrañados, que raro estaba su padre.

—Mira María —dijo de pronto Álex—, el coche de Cuervo Gris ya está allí.

—Sí, y seguro que sus hijos ya están dentro, así que dadme un beso y entrad corriendo a clase —los niños obedecieron, a pesar de tener la extraña sensación de que su padre les estaba echando.

María se fue a su clase y Álex le imitó. Antes de entrar echo una mirada de reojo a su padre y le pareció que estaban sacando algo del maletero del coche de Cuervo Gris. Se volvió a mirar para ver que estaban haciendo cuando chocó de bruces contra el profesor Rening.

—¿Qué estás haciendo Álex? —preguntó fríamente el profesor—. ¿No pretenderás saltarte las clases?

—No señor —respondió apresuradamente el muchacho—, claro que no.

—Será mejor que te vigile de cerca —dijo Rening—. Hoy serás mi ayudante. Empieza por borrar la pizarra.

—Sí señor —respondió Álex pensando que era mejor no protestar porque tenía la sensación de que el señor Rening estaba buscando alguna excusa para castigarle.

Se pasó el resto del día ayudando al profesor, llevándole la cartera, borrando la pizarra, y haciendo toda clase de cosas. Ni siquiera a la hora de comer pudo ir al comedor con su hermana y los gemelos. Cuando por fin se acabaron las clases Álex suspiró aliviado. Cogió su mochila y salió al patio; su hermana y los gemelos ya estaban allí esperándolo.

—¿Qué tal te ha ido el día hoy? —preguntó cariñosamente Kanae. Álex parecía cansado y agobiado, y le dio pena, ellos habían tenido un buen día y se quedaron muy sorprendidos cuando vieron que Álex comía en la mesa de los profesores.

—Fatal —dijo sentándose en el bordillo de la acera. Sus padres aún no habían llegado y estaba muy cansado.

—¿Qué te ha pasado? —preguntó María—. ¿Te han castigado?

—Más o menos —respondió Álex. De mala gana les explicó lo que había visto y como al intentar acercarse para ver mejor, Rening le había pillado y había decidido que fuera su ayudante durante todo el día para no perderle de vista—. Sabéis, es un profesor de lo más aburrido. Tenía la sensación de que no me quitaba los ojos de encima. Igualito que el profesor Casasayas.

—¿Quién? —preguntó Kanae.

—Es el profesor de gimnasia, da clase en el colegio y en el instituto, es el único profesor que compartimos, mamá dice que hicieron una excepción porque es muy bueno —respondió María, Álex había apoyado la cabeza en la valla del colegio y parecía descansar un momento—, es muy simpático, es cierto que te hace trabajar un motón pero en sus clases te diviertes muchísimo. Ya lo conoceréis, me parece que tenemos clase con él mañana.

—Animo Álex, que tu padre ya está aquí —avisó Yerak—. Qué raro, ¿dónde estará mi padre? Siempre es muy puntual y si llega tarde, será de noche cuando lleguemos a casa.

—¿No le habrá pasado nada, verdad? —dijo Kanae mirando inquieta la carretera.

—Hola chicos —saludó Raúl—. ¿Qué os pasa? —preguntó extrañado al ver como los gemelos miraban nerviosos hacia la carretera.

—Es que todavía no ha llegado su padre —explicó María.

—¡Oh!, es eso —exclamé Raúl—. Pues me temo que no va a venir —los dos hermanos miraron a Raúl asustados, pero éste al verlos se echó a reír—. Vale, niños, tranquilos, que vuestros padres están en casa, y hacia allí vamos ahora a merendar, si os parece.

—¡Yupi! —gritaron Álex y María, mientras que los gemelos se conformaron con dar las gracias por la invitación.

No parecían muy entusiasmados por la idea y Álex estaba a punto de enfadarse cuando María levanto dos dedos. ¡Claro!, Álex se sonrojó un poco, había olvidado que tenían dos horas para volver a casa y que si se quedaban mucho rato en la suya llegarían muy tarde y aquel día ya tenían deberes. Álex se quedó callado y pensativo, que suerte tenia él aunque le tocara aguantar al profesor Rening.

Cuando llegaron a casa, los padres de Yerak y Kanae estaban en el salón charlando animadamente con Laura, que les presento a Nube Blanca, la madre los gemelos. Una vez en casa de los Sanders, los gemelos parecían más contentos y querían ver la casa de sus amigos así que Álex y María les enseñaron la sala, el estudio de su padre, la cocina, y por último las habitaciones, que quisieron dejar para el final porque era su lugar favorito y por supuesto cada uno tenía sus cosas importantes y especiales en su habitación, pero cuando llegaron ante sus habitaciones ambos niños se quedaron sin habla.

—¿Esta es tu habitación Álex? —preguntó cortés Yerak, al ver que ninguno de los dos hablaba—. ¿Cómo es que tenéis literas los dos? ¿Es que dormís un día en una habitación y otro en otra?

—¡Mamá! —gritó María de pronto. Al oír a Yerak preguntar por las literas fue como si se diera cuenta de que eran reales y quería saber cómo y por qué habían aparecido ahí.

—¡Ya vamos! ¡Ya vamos! —contestó su madre. Los niños oyeron como los cuatro adultos subían riéndose—. ¿Acaso encontráis, algo diferente? —preguntó burlonamente Laura, ganándose una mirada enfadada de sus hijos. Yerak y Kanae miraban a todos sin comprender nada.

Bajaron todos a la sala y mientras tomaban un chocolate que había preparado Raúl, les explicaron que al ver lo que tardaban en ir al instituto a Laura y a Raúl les había dado mucha pena porque entendían que los gemelos necesitarían hacer un esfuerzo tremendo para adaptarse y si encima perdían tanto tiempo en el viaje, les sería todo muy complicado. Así que habían decidido proponerles a sus padres que si les parecía bien podían quedarse con los gemelos entre semana y así podrían tener más tiempo para estudiar e integrarse. A los padres de los niños no les pareció nada mal la idea así que entre los cuatro fueron a comprar las literas y adaptaron las habitaciones para que Yerak durmiera con Álex y Kanae con María. Los cuatro niños estaban un poco conmocionados con tanto cambio, pero poco a poco se rehicieron a la inicial sorpresa y empezó a gustarles cada vez más. Decidieron subir un rato a sus habitaciones para colocar sus cosas y repartirse las literas mientras sus padres terminaban de coordinar los horarios, las recogidas y todo lo que conllevaba el cambio.

—Bueno, ahora sí que podemos hablar tranquilamente, ¿no? —dijo Álex satisfecho cuando los cuatro se sentaron en su habitación. Tenía tantas preguntas que no sabía por dónde empezar.

—Son mágicas —dijo de pronto Kanae, antes de que él pudiera preguntarle—. ¿Os han pasado cosas extrañas?

—¡Uf! Un montón —contestó Álex.

Entre él y María les contaron todo lo que les había pasado, desde la forma de encontrarlas hasta que podían leerse el pensamiento. Yerak y Kanae escucharon atentamente todo lo que les explicaban y de vez en cuando se miraban asintiendo, como si les quedaran claros aspectos que sólo ellos conocían. Cuando terminaron, esperaron a que los gemelos les explicaran que pasaba exactamente.

—Lo cierto —empezó a explicar Kanae, mientras su hermano sonreía disimuladamente, él ya hubiera querido contárselo todo antes, el día que se conocieron—, es que el pueblo de los Maiutacs es un pueblo de brujos y como vosotros habéis conseguido las botellas de magia, quiere decir que también soy brujos.

—¿Qué? —dijo María sin poder creérselo—. No puede ser, ¿brujos? ¿Quieres decir que podemos hacer magia?

—¡Claro! —contestó riendo Yerak—. ¿Acaso no habéis hecho magia ya?

—¡Sí! —contestó Álex entusiasmado—, por supuesto, si no cómo despareció la mantis religiosa en la piscina. Aunque no acabo de entender muy bien cómo funciona —dijo Álex, casi preguntándose así mismo mientras acariciaba inconscientemente su botella.

—¡Cuidado! —gritaron los gemelos al unísono. Pero ya era tarde y el hechizo estaba hecho.

Delante de los cuatro amigos apareció una bola del tamaño de una pelota de baloncesto, de un color azul fluorescente rodeada de nubes. Álex y María intentaron preguntar que era aquello, pero estaban demasiado alucinados para poder articular palabra.

—Es una Donae —dijo Yerak al ver la cara de sus amigos. Aquello, no pareció aclararles nada y siguieron mirándoles desconcertados.

—Yerak, que ellos no saben nada de magia, ni de su lenguaje, ni de nuestro pueblo —dijo Kanae riendo—. ¡Me parece que tendremos que explicarles muchas cosas!

—Tienes razón, son tan hábiles con la magia, que me olvido de que no conocen ni siquiera las normas básicas —contesto Yerak, rascándose la cabeza, como si no supiera por dónde empezar—. ¡Tengo una idea! ¿No habéis hecho aparecer una Donae? ¡Usémosla!

Como los niños seguían mirándole extrañados, les aclaró que una Donae podía compararse a un televisor mágico que podía mostrar y enseñar los conocimientos de la magia. Álex y María se miraron un poco amedrentados, aquello era demasiado para ellos, pero asintieron, dando a entender que siguieran adelante, Álex aún no había soltado su colgante así que la Donae empezó a brillar. Poco a poco les fue mostrando como la magia era natural a todos los hombres, pero con el tiempo muchos la usaron en su provecho personal y entre los indios, que mostraban una capacidad innata y comprendían mucho mejor la magia, aparecieron unos guerreros brujos que se dedicaron a combatir a aquellos que transgredían las leyes de la magia. A estos brujos los llamaron Maiutacs. A lo largo y ancho del mundo la magia empezó a desaparecer, naciendo únicamente unos cuantos con poderes para utilizarla. En todas las tribus indias, empero, siempre nacían una o dos personas hábiles y capaces con la magia que se convertían en los brujos de la tribu. Cuando llegaron los colonos a norteamérica y empezaron a luchar contra los indios, uno de los brujos, el más poderoso de todos ellos, tuvo una revelación y supo que los indios iban hacia una derrota inexorable. Se dirigió a uno de los manantiales sagrados de la magia, un Unik, y en aquel terreno sagrado, fabrico unas botellas mágicas para contener los poderes de los brujos. Hizo llegar una a cada uno de los brujos y los convocó a un lugar oculto. Allí se dirigieron todos los brujos sabiendo que no volverían a mostrarse al mundo hasta que éste estuviera preparado. El gran Maiuté, que así se llamaba el brujo, les explicó que cada uno de los colgantes que les había enviado, contendría a partir de ahora sus poderes. Tan sólo ellos se los podrían quitar y nadie podría cogerlos a no ser que ellos se lo entregaran por propia voluntad y tan sólo ellos podrían destruirlos, aunque si lo hacían, sus poderes desaparecerían para siempre. Así, si era necesario, evitarían que nadie hiciera un mal uso de la magia. Les explicó que para usar la magia de las botellas tan sólo tenían que cogerlas y pensar el hechizo. Construyeron un poblado, al que llamaron Maiutac, en honor a los antiguos guerreros brujos, al lado de un gran lago, que ocultaron a las miradas del mundo, permitiendo únicamente el paso a portadores de botellas. Su pueblo aceptó las normas del anciano brujo, pero empezó a inquietarse, cuando algunas mujeres se quedaron embarazadas. ¿Qué pasaría con sus hijos, podrían hacer magia, o perderían su poderes al no tener botellas y la magia desaparecería del mundo para siempre? El anciano Maiuté, se retiró a una cueva bajo la cascada y estuvo aislado durante varios meses; el resto de los Maiutacs, permanecían en el poblado algo inquietos, pero conocían el valor y la sabiduría del anciano y esperaron pacientes su regreso. Una noche de luna llena el espíritu de Maiuté se apareció en el poblado, brillaba con una luz blanca que iluminaba toda la aldea y los Maiutacs se entristecieron pues se dieron cuenta que el anciano había muerto. Al darse cuenta de la tristeza de su pueblo, el gran brujo los tranquilizó, partía hacia el mundo de los espíritus por voluntad propia, pues para lograr el hechizo que quería, debía utilizar toda su fuerza vital. Sonrió a su tribu y supieron que lo había logrado. Habló y su voz se escuchó clara por todo el poblado: a partir de ahora, por cada niño que nazca con capacidad de usar la magia aparecerá una botella como la que tenemos nosotros y el niño la encontrará cuando sea el momento y tan sólo él podrá cogerla. Los brujos suspiraron aliviados pues ahora sabían que la magia no desaparecería. El rostro del anciano se nubló durante un instante y lanzó una profecía a su pueblo: cuidaos siempre de los extraños pues uno de ellos intentará apoderarse de nuestra magia, poderoso será y quizá lo logre, más entre los extraños también nacerá la ayuda que necesitaréis. Con estas últimas palabras, el espíritu del anciano desapareció. Los Maiutacs fueron a la cueva bajo la gran cascada y encontraron el cuerpo de su querido anciano rodeado de flores y brillando con una tenue luz azulada. Allí le enterraron comprendiendo que aquel lugar era sagrado y se convirtió en el lugar más poderoso de toda la aldea. Con el tiempo, el poblado de los Maiutacs creció y comprendió que no podía quedarse aislado del todo, así que de vez en cuando bajaban a otras aldeas, pueblos y ciudades, pero mantenían su secreto a salvo y sus poderes ocultos. Así se mantuvo durante siglos y la única llegada inesperada fue la de dos niños con su madre, portadores de botellas que les habían permitido el paso hasta la aldea.

Los cuatro amigos se quedaron mirando y se echaron a reír. Aquello era fantástico, podían hacer magia. Álex pensó que a partir de ahora su vida iba a ser muy diferente. Vaya, así que con sólo coger las botellas, tus poderes estaban en marcha, genial, pensó María.

—¡Espera un momento! —exclamó de pronto Álex—. Kanae, tú has hablado de un lenguaje, pero la Donae no ha explicado nada de eso.

—No se te escapa nada Álex —contestó Kanae riendo—, es cierto que tenemos un lenguaje para la magia, pero como has podido comprobar, en nuestro idioma también funciona.

—Entonces, ¿para qué sirve? —preguntó María, que empezaba a sentir curiosidad.

—Verás, como te lo explico —dudó Yerak, antes continuar—, sí, ya se, cuando haces un hechizo en nuestra lengua, se cumple, pero si usas el lenguaje antiguo de los Maiutacs, el hechizo es más potente. Os lo enseñaré, la Donae ha aparecido cuando Álex, que sujetaba su colgante, ha pedido una explicación y después ha desaparecido cuando ha terminado. Pues voy a convocar una Donae en lenguaje antiguo, apartaos un poco, hacia la pared. Así, allá vamos —Yerak cerró los ojos, sujetó con firmeza y pronunció con voz grave—. Arne Donae.

Ante ellos apareció una Donae mucho mayor que la que había aparecido antes. Su luz era mucho más potente e iluminaba toda la habitación con su cálido tono azulado.

—¡Guau, es enorme! —se sorprendió Álex—. Escuchad una cosa, tenéis que enseñarnos, por favor —suplicó.

—Yerak, anula el hechizo, rápido, sus padres podrían vernos y no pueden enterarse —dijo Kanae antes de responder a Álex.

—Está bien —Yerak cerró los ojos y la Donae despareció. Antes de que pudieran decir nada más María se levantó enfadada.

—¿Qué te pasa? —le preguntó Kanae—, ¿por qué te enfadas?

—¿Qué has querido decir con eso de que mis padres no deben enterarse? —dijo María bruscamente—. Yo no pienso mentirles.

—Yo tampoco —murmuró Álex cabizbajo, aquello estaba empezando a complicarse demasiado.

—No se trata de que les mintáis —contestó Yerak.

—¿A no? —replicó María— ¿Y cómo le llamas a no contarles la verdad?

Los gemelos se miraron preocupados, estaban tan contentos al poder explicarles todo, que no habían pensado que los dos niños querrían contárselo a sus padres. Pero no podía ser, era una de las normas inquebrantables de su pueblo, por eso Kanae estuvo a punto de hacer callar a Yerak aquel día en el lago, cuando casi les cuenta su secreto.

—Es complicado María, pero la magia, las botellas, es un secreto que nadie debe conocer —aclaró Kanae—. A mí tampoco me gustaría tener que ocultárselo a mis padres, pero si se lo contamos a alguien puede ponernos en peligro, aunque sea sin querer —añadió rápidamente, al ver que ambos hermanos iban a contestar airadamente.

—Además hay otra cuestión —dijo Yerak muy serio—. Ya habéis oído cómo nadie os puede quitar las botellas, que sólo vosotros podéis cogerlas y dárselas a alguien por propia voluntad, pero si reveláis el secreto a algún extraño vuestras botellas perderán toda la magia y quedaréis despojados de vuestros poderes.

Los cuatro se quedaron en silencio un momento. Los gemelos temían que sus amigos cometieran alguna tontería y los dos hermanos estaban tratando de asimilarlo todo.

—¡Esto no es justo! —exclamó María dejándose caer sobre la cama.

—Tienes razón, no es justo —consoló Kanae rodeando cariñosamente a María con el brazo— pero así son las cosas. ¿Qué vais a hacer?

—¿Quieres decir que podemos contárselo si queremos? —preguntó Álex desconcertado, creía haber entendido que no podían revelar el secreto.

—¡Por supuesto! —contestó casi indignado Yerak—. Ni mis padres, ni nosotros os lo impediríamos, estáis en vuestro derecho. Lo que ocurre es que si se lo contáis perderéis vuestros poderes —añadió pesarosamente.

Yerak no quería que se quedaran sin magia, le gustaba la idea de vivir con ellos entre semana y poder compartir su secreto, pero comprendía que era duro para ellos no contárselo a sus padres.

Volvieron a quedarse en silencio, sentados en la litera del cuarto de Álex. Tenían mucho en que pensar y ninguno de ellos tenía ganas de hablar. Permanecieron quietos un buen rato hasta que sus padres les llamaron interrumpiendo sus cavilaciones.

—¡Hola! —saludó Laura— ¿Por qué estáis tan serios? —les preguntó al ver sus caras largas. Los cuatro se miraron sin saber muy bien que decir, ¡ay!, el momento que más temían había llegado antes de lo esperado. ¿Qué podían contestar? Pero Nube Blanca acudió en su ayuda, salvándolos, de momento.

—¿No queréis quedaros con los Sanders? —preguntó a sus hijos preocupada.

—¿Eh? —dijo Yerak sorprendido—. No, no es eso, es que…

—Entiendo, queréis quedaros, pero os da pena no estar con nosotros —dijo acertadamente Cuervo Gris, revolviéndoles cariñosamente el pelo a sus hijos mientras se los sentaba en sus rodillas—. ¡Uf! Pesáis demasiado, casi no puedo aguantaros —dijo fingiendo que ahogaba por el esfuerzo.

Todos rieron por la broma y se sintieron más aliviados. Álex miro a María, lo cierto es que quizá ellos tuvieran que guardar el secreto, pero los gemelos tampoco lo tendrían fácil, prefería no contarles nada a sus padres, pero estar con ellos todos los días que tener que estar separados.

—La vida a veces, puede ser muy complicada —exclamó Álex en voz alta sin querer.

Todos se lo quedaron mirando y volvieron a reír al ver al pequeño de la casa hablar con tanto sentido común. Terminaron de acordar los horarios. Los padres de Yerak y Kanae les recogerían en el Instituto los viernes al salir de clase y los llevarían a casa de los Sanders el domingo por la tarde, para que el lunes no tuvieran que madrugar tanto. Mientras los mayores preparaban la cena, los niños hicieron sus deberes, era mejor empezar con buen pie. María les ayudo un poco, pero lo cierto es que a pesar de no haber estudiado en ninguna escuela, los gemelos tenían un buen nivel y terminaron enseguida. Como hacía una noche estupenda cenaron en el jardín. Fue una cena agradable, pero conforme pasaba el rato los gemelos se quedaron un poco quietos y callados. La verdad es que nunca habían estado separados de sus padres hasta ahora y sí, era cierto que eso no les hacía mucha gracia. Se sentaron junto a sus padres un poco mimosos, hasta que se hizo tarde y no tuvieron más remedio que despedirse. Dieron las buenas noches y mientras los padres de los gemelos se marchaban, ellos permanecieron en el porche diciendo adiós.

—¡Hasta mañana chicos! —se despidieron—. ¡Recordad que mañana ya es viernes!

—¡Es verdad! —dijo Álex riendo—. Esta vez solo va a ser una noche. Se hará corto, ya veréis—. Dijo intentando animar a los gemelos que habían vuelto a entristecerse un poco.

Subieron a las habitaciones a ponerse el pijama y prepararse para acostarse. Estaban cansados, pero a la vez no tenían mucho sueño. Los gemelos intentaban no parecer tristes, pero se les veía compungidos. Laura y Raúl al subir para acostarlos y verlos a todos tan serios, se echaron a reír.

—Me parece que habrá que hacer algo con estos niños —dijo Raúl pícaramente. Álex y María se quedaron mirándolo expectantes, conocían de sobra ese tono y sabían que alguna sorpresa agradable les aguardaba.

—¿Tú crees que debemos contárselo? —preguntó reacia y a la vez divertida, Laura—. ¿No era un secreto?

—Bueno a veces los secretos se deben guardar y otras se pueden contar —dijo enigmáticamente Raúl.

—¡Venga! ¡Decídnoslo! —rogaron los hermanos Sanders.

—¡Está bien! ¡Está bien! —dijo riendo Raúl—. Veréis, vuestros padres han accedido a que os quedéis en casa a condición de que Álex y María pasen de vez en cuando el fin de semana con vosotros. Dicen que así les podríais enseñar vuestro pueblo y vuestras costumbres. Nos ha parecido una excelente idea. Es bueno que los unos aprendamos de los otros. ¿Qué os parece si este fin de semana es el primero?

—¡Genial! —gritaron los cuatro niños entusiasmados.

Aquello era fantástico pensaron los hermanos Sanders, ¡cuántas cosas podrían aprender este fin de semana! Se acostaron más animados.

—Buenas noches y dulces sueños —se despidió Laura de los cuatro apagando las luces de la habitación.

Los cuatro niños pensaron que no podrían dormir por la cantidad de cosas que tenían en la cabeza, pero los cuatro cayeron dormidos antes de que se dieran cuenta.

Capítulo 5:

Un fin de semana movidito

—¡El desayuno está en la mesa niños! —llamó Raúl desde la cocina.
Arriba en las habitaciones se oía el jaleo de los niños entrando y saliendo del baño. Por suerte Baldric había cumplido bien su cometido y les había despertado a tiempo, porque ahora había tráfico en el lavabo. María entró como una exhalación pasando por delante de Yerak, quien iba a protestar pero Álex le detuvo y le explicó que su hermana por las mañanas tenía muy mal genio hasta que desayunaba. Yerak se encogió de hombros y no protesto, a él a veces le pasaba lo mismo. En cuanto estuvieron listos bajaron a desayunar. Habían dormido como un tronco y ahora tenían hambre, así que devoraron el desayuno que les habían preparado. Aunque un poco justos, estuvieron a tiempo, listos para subir al coche cuando Laura les avisó. Cuando llegaron a la escuela, Yerak no pudo evitar un suspiro. Al oírle su hermana se rio, realmente él era un dormilón y lo de madrugar tanto le resultaba muy duro. Vivir con los Sanders le iba a sentar mejor.

Los cuatro niños se despidieron de Laura y se separaron para ir a sus clases. Álex, se dirigió con paso firme hacia su clase, estaba muy contento y no dejaría que nada ni nadie, incluyendo el profesor Rening, le estropearan el día. Al verlo caminar tan decido, María no pudo evitar tener la sensación de que se metería en algún lío. Pero no podía hacer nada para evitarlo y se marchó con los gemelos a su clase.

Durante la clase de matemáticas María estuvo distraída todo el tiempo pensando en que su hermano se metería en problemas con el señor Rening, no podía evitar tener un mal presentimiento y se ganó algún que otro codazo de Yerak o Kanae a modo de aviso para que aterrizará de nuevo en la clase. Los gemelos no entendían lo que le pasaba. Los días anteriores habían podido comprobar que María era bastante lista y aplicada y no le pegaba demasiado estar tan ausente. Entre susurros para no llamar la atención le preguntaron qué le pasaba y ella se limitó a responder escuetamente: Rening. Ambos hermanos comprendieron enseguida lo que sucedía, aunque María no se hubiera dado cuenta, tenía el don de la premonición, como Yerak y por eso habían tenido el mismo sueño. Yerak miró preocupado hacia la ventana, a él también le daba mala espina aquel extraño profesor. Suspirando Kanae se dio cuenta de que debía tomar bien los apuntes porque ahora los dos estarían distraídos y ausentes. En fin, pensó, será mejor que preste atención y ya les contaré que ha pasado a la hora del patio. Aunque también a ella le costaba concentrarse con Yerak y María tan tensos a su lado. Al principio los dos habían intentado disimular, fingiendo tomar apuntes, pero ahora ambos estaban con la mirada fija en sus hojas y totalmente inmóviles. Kanae empezó a preocuparse, pero intentó seguir tomando apuntes, al menos si ella no podía prever que estaba pasando, les ayudaría después con los deberes. Aunque cuando María llevo su mano al cuello, se dio cuenta de que su amiga iba a coger su colgante y palideció, quiso detenerla pero Yerak la contuvo. También estaba pálido y apretaba la mandíbula con fuerza, supo que su hermano estaba muy enfadado y decidió no intervenir. De pronto María soltó su colgante y suspiro. Fuera lo que fuese, la tormenta había pasado. Sintió un tremendo alivio y se percató de que ella también había estado tensa y preocupada. Intentó preguntarles que había pasado, pero ellos le respondieron al unísono: en casa, que lejos de tranquilizarla la puso más nerviosa. Imaginó que se trataba de Álex y el profesor Rening, pero no alcanzaba a imaginar que habría ocurrido que fuera tan grave como para utilizar la magia de las botellas en el instituto. Quizá en el gimnasio podría apartarse un poco y preguntarles, pero sus esperanzas fueron vanas. Como le habían dicho los hermanos Sanders, el profesor Casasayas, era muy agradable, pero parecía tener ojos en la nuca y darse cuenta de cuando estaba uno distraído y a Kanae le tocó recoger las pelotas de baloncesto al acabar la clase. A la hora del almuerzo corrieron a tomar sitio y le guardaron una silla a Álex, pero vieron que éste volvía a estar en la mesa de los profesores con cara de pocos amigos, aunque al verlos les dirigió una débil sonrisa a modo de saludo.

—¡Al menos está bien! —suspiró aliviada María.

—¿Qué ha pasado? —preguntó Kanae, aprovechando que había sacado el tema.

—Me pasas la bolsa hermanita —dijo Yerak dándole un empujoncito cariñoso.

—Si claro, toma —dijo Kanae mientras le alcanzaba la comida—. Oye...

—Hoy mi madre nos ha preparado emparedados de lomo, que bien, me encantan —interrumpió alegremente María, como si no se hubiera percatado de que su amiga estaba hablando.

—A mí también me gustan, pero... —empezó a decir Kanae.

—Pero que están genial y punto —cortó Yerak riendo—. ¿Qué crees que nos prepararán en casa esta noche?

—No sé, y francamente tampoco me importa demasiado —respondió airadamente Kanae que estaba empezando a molestarse.

—Bueno, ya lo veremos y lo hablaremos está noche en casa —contestó Yerak risueño.

Kanae se mordió el labio al darse cuenta de que los dos habían estado evitando el tema expresamente y que por alguna razón trataban de eludir a toda costa nada que tuviera que ver con la magia o sus colgantes. Les siguió la corriente y continuó charlando con ellos alegremente, aunque, como ellos, no pudo evitar dirigir alguna que otra mirada preocupada hacia Álex. En fin, no tendrían más remedio que esperar a que se acabaran las clases para hablar con calma.

La tarde discurrió tranquilamente, pero se les hizo eterna. No podían evitar pensar en el pequeño Álex y se sorprendían los unos a los otros mirando por la ventana hacia el colegio esperando verle o saber algo de él, pero ni Yerak ni María tuvieron ningún otro presentimiento y aunque preocupados, por lo menos estaban algo más relajados. Cuando sonó la campana señalando el final de las clases los tres recogieron rápidamente y salieron corriendo como alma que lleva el diablo hacia la puerta esperando encontrar ya allí a Álex, pero no había nadie. Esperaron inquietos sin dejar de mirar hacia la puerta y se llevaron un buen susto cuando Raúl hablo detrás de ellos.

—Buenas tardes chicos —saludó Raúl, que se sobresaltó al ver el respingo que dieron los tres niños.

—¡Papá! —gritó sorprendida María abrazándole—. ¿Qué haces aquí? ¿Ha pasado algo? Creí que vendrían los padres de Yerak y Kanae a buscarnos.

—Esa era la idea, pero nos han llamado para contarnos que hay feria en Livestone que está muy cerca de Maiutac y hemos pensado en ir todos juntos esta tarde y cenar en alguna de las paradas. ¿Qué os parece, chicos?

—¡Genial! —gritaron los tres entusiasmados olvidándose por un momento de Álex—. —Me encantan las ferias —añadió feliz Yerak.

—Por cierto, ¿dónde está tu hermano? —preguntó extrañado Raúl—. Siempre es el primero en salir de clase.

—No sé —respondió María, intentando parecer tranquila—, le estábamos esperando. Seguro que no tarda en venir.

—Mira, ya sale —dijo Kanae, señalando hacia la puerta, donde un Álex cansado y cabizbajo, caminaba lentamente hacia ellos. De pronto se dio cuenta de que estaba allí su padre y corrió a sus brazos a toda prisa.

—¡Papá! —gritó Álex—. ¡Qué guay que estés aquí!

—¡Vaya recibimiento que me habéis dado los dos! —dijo riendo Raúl mientras abrazaba cariñosamente a su hijo—. Tendré que daros más a menudo una sorpresa como la de hoy.

—¿Qué sorpresa? —preguntó Álex todavía colgado del cuello de su padre.

—¡Vamos a la feria! —dijo Yerak como extasiado. Realmente le gustan las ferias pensó María.

—Lo que de verdad le gustan son los algodones de azúcar —explicó riendo Kanae al ver la cara de su amiga—. Oye Álex, ¿qué tal tu día?

—Bien, con muchas ganas de que llegara esta hora —dijo escuetamente el niño.

Kanae se quedó mirándolo interrogadoramente, pero con una mirada Álex le dio a entender que era mejor no hablar del tema, por ahora. Fueron hacia el coche donde les esperaba Laura que no había podido aparcar. Se pasaron todo el viaje explicando lo que más les gustaba de la feria, todos menos Álex, que en cuanto se subió al coche se quedó dormido. Procuraron no despertarle, parecía agotado y no pudieron evitar preguntarse, una vez más, que le habría sucedido.

Cuando llegaron a la feria los padres de los gemelos ya estaban allí esperándoles y en cuanto los saludaron, los niños corrieron a los autos de choque, luego fueron al tren de la bruja, que ahora veían con otros ojos, a los columpios y a todas las atracciones que pudieron, ya que sabían que sus padres no les dejarían subir a las más movidas después de cenar. Por fin después de la copiosa cena llego el tan esperado postre.

Sus padres les dieron permiso para subirse a la noria con él.

—Tu hermano con el algodón de azúcar flipa, ¿no? —preguntó María mientras miraba la cara de felicidad que ponía Yerak mientras se comía su algodón. Parecía que ni se enterara de que estaba subido a la noria, ni del paisaje que se veía.

—¡Sí! —dijo riendo otra vez Kanae—. Ya te dije que le encantaba. Oye, ahora que estamos tranquilos aquí arriba, ¿qué te ha pasado hoy Álex?

—Bueno verás —empezó a decir el muchacho, pero Yerak le interrumpió bruscamente.

Su rostro estaba demudado y parecía haber olvidado por completo su tan ansiado algodón de azúcar, que casi le cae al suelo si María no llega a cogérselo.

—Rening está aquí, lo presiento —dijo susurrando Yerak—. Será mejor que nos bajemos y vayamos con nuestros padres antes de que nos encuentre. Con la excusa de que estamos cansados, podríamos marcharnos enseguida.

Los tres niños obedecieron a su amigo y terminándose rápidamente su postre fueron en busca de sus padres, que encontraron en uno de los chiringuitos de la feria tomándose un café. Charlaban amigablemente y parecían estar pasándoselo muy bien y a los niños les dio pena interrumpirles, pero ante la seria mirada de Yerak decidieron seguir con su plan. Se sentaron cerca de sus padres y Álex se apoyó en el regazo de su madre cerrando los ojos como si quisiera dormir. Los demás se acomodaron en la mesa con cara de cansancio, ¡ojalá colara!, pensaron los cuatro.

—Me parece que estos niños están muy cansados —dijo Laura, acariciando el pelo de su hijo; aunque fingía un poco, Álex pensó que si su madre seguía haciéndole mimos, quizá sí que se quedaría dormido.

—Será mejor que empecemos a levantar el campamento —dijo Raúl desperezándose.

—Supongo que ha sido un día muy largo, ¿qué os parece si os quedáis todos a dormir en casa? —ofreció Nube Blanca—. Hay sitio de sobra y mañana podríamos ir juntos de excursión.

—No sé —contestó dubitativa Laura—, no quisiéramos molestar, además no tenemos ropa para nosotros, tan sólo preparé una bolsa para los niños.

—¡No te preocupes por eso! —respondió Cuervo Gris—. Ya encontraremos en casa algo de ropa que os sirva.

—No hará falta —dijo Raúl, con voz un poco baja, temía parecer un aprovechado—. Por si estábamos cansados al salir de aquí, he preparado una bolsa para nosotros pensando en quedarnos a pasar la noche en algún hotel de alrededor, de verdad que no pretendía abusar de la confianza —añadió al ver la cara de pocos amigos que puso su mujer.

Todos se echaron a reír al ver a Raúl tan sofocado. Al final accedieron al ofrecimiento que tan amablemente les hacían y se marcharon hacia los coches. Los niños estaban muy contentos y pensaban que iba a ser un fin de semana muy divertido, pero Yerak tenía cara de pocos amigos y de vez en cuando miraba de reojo a su espalda.

—¿Qué te pasa Yerak? —preguntó susurrando Kanae.

—Es que en el coche pensaba hablar con papá —respondió también susurrando el muchacho.

—Bueno, ahora cuando subamos podrás hablar con tranquilidad —respondió su hermana, quitándole importancia, pero Yerak no pudo reprimir un gruñido.

Su mal presentimiento se cumplió y no pudo hablar con él porqué decidieron separar las parejas, por si se perdían que hubiera alguien que conociera el camino de noche. Cuando llegaron a casa tampoco tuvo ocasión de hablar con su padre, ya que les mandaron subir a las habitaciones a dormir y los mayores se quedaron en el salón tomando una copa. Yerak estaba contento de que los cuatro se llevaran tan bien, a él le gustaban mucho los padres de Álex y María, pero había sido un golpe de mala suerte que decidieran quedarse el fin de semana en casa. De mala gana, subió a la habitación con los demás, pensando que quizá Álex les pudiera aclarar lo que había pasado en clase, aunque él tenía una vaga idea.

—¿Crees que nos oirán? —preguntó María que también quería que Álex le aclarara algunas cosas.

—¿Por qué estáis susurrando? —preguntó en voz baja Kanae, que se había olvidado por completo del profesor Rening y del día de Álex.

—Porque tenemos que hablar —respondió Álex suspirando, no tenía muchas ganas, todo parecía tan lejos y tan insignificante que ahora que estaba en casa de los gemelos, pensó que todo habían sido imaginaciones suyas.

—No creo que tu mente te haya jugado una mala pasada —dijo María adivinando lo que estaba pensando su hermano—. Anda cuéntanos que ha pasado.

—Tú también tienes que explicarme algunas cosas —dijo Álex mirándola suspicazmente.

—Empieza tú, que ya te interrumpiré cuando sea necesario.

—Está bien —accedió a regañadientes el pequeño.

Se sentó en la cama y empezó a contarles que había decidido que nadie le estropearía el día, pero que tal y como entró en clase supo que no lo iba a conseguir. El profesor Rening parecía estar todo el rato pendiente de él exigiéndole que hiciera tal cosa o tal otra, que contestara a las preguntas, que saliera a la pizarra a resolver problemas. Cada vez que lanzaba una pregunta al aire, al ver que nadie contestaba, le pedía a él que respondiera. Álex tuvo la sensación de que no existía nadie más en la clase y que el profesor Rening no pensaba dejarle en paz. Llegó a agobiarle tanto que estuvo tentado de usar su colgante para hacerle desaparecer en varias ocasiones, pero consiguió contenerse. A media mañana sin embargo, fue tanto lo que el profesor Rening le presionaba que sin darse cuenta llevó su mano al collar.

—Pero algo me detuvo —dijo Álex.

—Sí, lo sé, fui yo —dijo María—. Desde que nos separamos, no sé muy bien cómo, supe que te ibas a meter en un lío y de algún modo supe que ibas a coger tu colgante y cogí el mío para impedírtelo.

—¿Cómo lo averiguaste? —pregunto sorprendido Álex, a lo que su hermana se encogió de hombros sin poder responder.

—Es porque es muy intuitiva —explicó Yerak—. Como yo.

—¿Muy qué? —preguntaron al unísono los hermanos Sanders.

—Intuitiva —repitió Kanae—, quiere decir que a veces puede adivinar lo que va a pasar. Veréis, aunque todos podamos hacer magia, cada uno tiene facultades especiales. Yerak y tú tenéis la capacidad de adivinar, que Álex y yo no tenemos. En cambio mis hechizos son más potentes que los de mi hermano. Y tu Álex…

—¿Qué? —preguntó el muchacho pensando que él no tendría ninguna facultad especial.

—Jamás en mi vida había conocido a nadie con semejante capacidad para usar la magia como tú —dijo Kanae. Álex, miró a sus amigos incrédulo.

—La verdad es que tú encontraste las botellas —dijo María—. Y tú, enseguida te diste cuenta de que eran mágicas, y no sólo eso sino que sin que nadie te explicara cómo, usaste tu colgante e hiciste desaparecer a la mantis de la piscina.

—Pero, pero... —balbuceó Álex alucinado, jamás pensó que él pudiera ser bueno en algo y menos que María le considerará mejor que él, ella siempre había sido la mejor en todo. Sin saber que contestar, cerró la boca sonrojándose un poco.

—Lo que no entiendo es porqué Rening va a por ti, ni porqué nos sigue a todas partes —dijo Yerak preocupado sentándose en la cama—. Al menos aquí estamos a salvo.

—Chicos —empezó a decir Kanae con voz preocupada—, ocurra lo que ocurra no debemos usar nuestros poderes delante de Rening. Tampoco sé por qué pero tengo la sensación de que eso es exactamente lo que pretende que hagamos, o bueno, lo que pretende que hagas tú Álex. Esto es muy extraño —añadió suspirando.

Se quedaron un rato cabizbajos, sin saber que podían hacer. Al final decidieron que lo mejor era irse a la cama y si podían ya hablarían al día siguiente con los padres de los gemelos.

Por la mañana se levantaron de mejor humor; descansados y con hambre, bajaron a desayunar. Encontraron a los cuatro adultos fuera de casa asando un poco de carne y unas patatas.

—Venga chavales, sentaros a la mesa que el desayuno está casi listo y ¡hoy tenéis que coger fuerzas! —dijo Cuervo Gris.

—¡Eso significa que vamos de excursión! —dijo Kanae contenta—. ¿Dónde vamos a ir papá?

—He pensado que a nuestros amigos les gustará ver nuestro territorio desde lo alto de la cascada, hay una buena subida, pero el camino es fácil, aunque empinado. Después cruzaremos el río por el Puente de los Espíritus y bajaremos por el otro lado. Si os parece bien a todos, podemos llevarnos unos bocadillos y comer allí, así por la tarde vosotros podréis bañaros, mientras alguno echamos una siestecilla.

—¡Qué perezoso eres! —dijo su mujer abrazándolo y dándole un beso—. Parece un buen plan, ¿qué decís chicos?

Todo el mundo estuvo de acuerdo y después de desayunar los mayores prepararon los bocadillos y los metieron en las mochilas junto con el agua y las demás provisiones. María al ver que preparaban tanta comida pensó que los padres de los gemelos eran tan exagerados como sus padres; sacudiendo la cabeza y sonriendo, fue con los otros niños a coger sus bañadores y lo que les faltaba.

Cuando estuvieron listos, empezaron su excursión. Al principio el camino discurría por el claro bordeando la ladera de la montaña, los niños iban cantando y riendo. No tardaron en comenzar la ascensión. La subida resultó bastante dura y tuvieron que parar varias veces, porque los Sanders no estaban tan acostumbrados como sus nuevos amigos a subir montañas, aunque solían dar largos paseos por las praderas de alrededor de su casa. Al llegar a la cima todos pensaron que el esfuerzo valía la pena. Podían ver todo el territorio de los Maiutacs, con el pueblo a un lado de la montaña y el gran lago a los pies. El día era soleado y ninguna nube tapaba el cielo, así que se les perdía la vista hasta el horizonte.

—Mira se ve Livestone desde aquí —dijo Álex, señalando con el dedo hacia el pueblo—. Todavía no entiendo cómo no os ha encontrado nadie más.

—Bueno, no te olvides que nuestro pueblo es mágico —le recordó Yerak guiñándole un ojo—. ¿Qué os parece?

—Esto es precioso —murmuró María. Como a Álex, le parecía imposible que nadie más hubiera descubierto un lugar tan hermoso. De pronto, una duda ensombreció su rostro—. ¿Estáis seguros de que Rening no podrá encontrarnos? Si nosotros podemos ver Livestone desde aquí, quizá él pueda vernos desde allí con unos prismáticos.

—¡Imposible! —exclamaron los gemelos al unísono riendo. Álex y María se quedaron mirándolos con cara de pocos amigos.

—Vale, vale, tranquilos —dijo Yerak intentando calmarlos—. Escuchad, si alguien que no pertenece a nuestro pueblo, mirase hacia aquí, lo único que vería sería un páramo yermo y desolado.

—¡Espera un momento! —dijo Álex un poco indignado—. Nosotros no somos de vuestro pueblo y podemos verlo.

—Bueno es que ahora vosotros y vuestros padres pertenecéis a nuestro pueblo —explicó Kanae.

—Pero si no somos de aquí —replicó Álex que no estaba del todo convencido.

—Da igual que seáis forasteros, como sois los dueños legítimos de las botellas, es como si hubierais nacido aquí —aclaró Yerak.

—Forasteros —murmuró Álex pensativo—, forasteros es sinónimo de extraños. ¡Un momento! —exclamó excitado—. ¿Y si Rening fuera el extraño del que habló Maiuté?

Los otros niños se quedaron mirándolo con incredulidad. Si eso fuera cierto... Antes de que ninguno pudiera responder, llegaron sus padres y tuvieron que interrumpir su conversación. Laura y Raúl estaban encantados con la excursión. Caminaron un trecho siguiendo la orilla del río hasta que llegaron a un hermoso puente de madera que lo cruzaba. En el puente se dieron cuenta de que el río era inmenso, tardaron quince minutos en cruzarlo. Después continuaron caminando siguiendo la otra orilla hasta llegar al final de la montaña. Desde allí ya no se veía el pueblo de los Maiutacs, ni siquiera se distinguía Livestone. La bajada también fue bastante dura pues tenían que frenar fuerte para no bajar rodando. Cuando llegaron abajo todos estaban cansados y les costaba respirar. Decidieron acampar allí mismo. Tenían tanta hambre que devoraron los bocadillos con avidez. Una vez satisfechos, se sentaron a la sombra de los árboles. Los niños se apartaron un poco para poder seguir hablando sin que los mayores les escucharan.

—He estado pensando en lo que dijiste antes —empezó a decir Kanae—. Quizá tengas razón.

—¿Pero cómo puede saber Rening de nosotros? —preguntó Yerak.

—No lo sé —dijo cabizbaja María—. Quizá tenga poderes mágicos.

—No creo, no parece que tenga ninguna botella —respondió Kanae—. Sin las botellas no tenemos poderes así que no puede ser.

—La Donae explicó que antiguamente nacían por todo el mundo personas con magia, aunque Maiuté hizo un hechizo entre los indios, quizá todavía nazcan personas que sí pueden hacer magia sin necesidad de usar las botellas —murmuró Álex preocupado.

Los cuatro se quedaron en silencio meditando. No se quitaban de encima la sensación de que Rening de algún modo les estaba acechando, pero por otro lado, tan sólo era eso, una sensación. De hecho, por la noche en la feria, ni siquiera le habían visto. Pero ninguno podía olvidar el día anterior. En el fondo de su corazón sabían que sus sospechas eran acertadas, pero no podían hacer nada. Se miraban unos a otros sin saber que decir, a lo mejor conseguirían hablar con los padres de los gemelos y ellos sabrían que hacer. Al final, decidieron darse un baño y esperar a que despertaran. Esta vez se metieron los cuatro, la plataforma quedaba un poco más lejos que desde la otra orilla, pero Álex aguantó bien y estuvieron tirándose de cabeza, de pie, de bomba y de todas las formas que se les ocurrió. Estaban pasándolo tan bien que se llevaron un buen susto cuando los cuatro mayores aparecieron en la plataforma. Jugaron todos juntos hasta que se hizo tarde y volvieron a casa de los gemelos. Prepararon la cena en un santiamén, los niños querían quedarse un rato con los mayores, para ver si de alguna forma podían hablar con Nube Blanca o con Cuervo Gris, pero antes de que se dieran cuenta estaban bostezando y cabeceando, así que los enviaron a la cama.

Cuando se despertaron los niños pensaron que era muy temprano porque casi no entraba luz por las ventanas, pero resultó que estaba lloviendo a mares. Bajaron a desayunar y se encontraron que sus padres estaban levantados tomando café. Discutían sobre si sería mejor marcharse pronto o más tarde. Al final decidieron marcharse nada más desayunar y llevarse a los niños, así podrían hacer los deberes y acostarse temprano. Los cuatro niños se quedaron consternados, si se marchaban con los Sanders no tendrían oportunidad de hablar con los padres de los gemelos y tenían la sensación de que la siguiente semana sería horrible, Álex estaba convencido de que no sería capaz de aguantar otro día más con el profesor Rening. Al ver las caras de los niños, sus padres lo entendieron mal, creyendo que los gemelos no querían separarse de sus padres y que María y Álex no tenían muchas ganas de hacer los deberes e intentaron animarles diciéndoles que una semana pasa muy rápido, que seguro que no tenían tantos deberes y que por la tarde quizá podrían hacer algo divertido, pero nada de lo que decían parecía surtir efecto, así que se despidieron y los seis subieron al coche. Durante el viaje de vuelta a casa de los Sanders los niños estuvieron callados, abstraídos en sus propios pensamientos. Álex intentaba mentalizarse, se decía a sí mismo que si había podido resistir el viernes, podría encontrar la manera de superar aquella semana que le parecía tan larga.

—¡Eh! Mirad —gritó Álex señalando la entrada de la cascada.

—¿Qué pasa Álex? —preguntó su madre extrañada volviéndose hacia atrás.

—La cascada, ¿no es increíble? —contestó Álex.

—Sí, es muy bonita, aunque esté lloviendo, sigue siendo un paisaje hermoso —respondió su padre un poco sorprendido ante la excitación de su hijo.

—Bueno, no es sólo eso —dijo Álex extrañado, ¿es que nadie más se daba cuenta?

—¿Qué quieres decir? —preguntó Yerak intentando mirar hacia la catarata, pero entraron en el túnel de buganvilias y no pudo verla.

—¿No habéis visto cómo brillaba? —dijo Álex.

—No, no he visto nada —contestó Kanae, pensativa—. ¿No creerás qué...? —añadió susurrando para que sólo lo escucharan sus amigos.

—Seguro que ha sido una ilusión óptica, Álex —dijo sonriendo Raúl.

—Sí seguramente —contestó guiñando un ojo a Kanae que ya había comprendido a donde quería ir a parar su amigo.

Yerak y María se quedaron mirando a sus respectivos hermanos sin saber a qué se referían, pero evitaron preguntar por si se trataba de algo relacionado con la magia o con Rening. A pesar de que habían dormido bien, con el ruido de la lluvia y el traqueteo del coche, los cuatro amigos se quedaron dormidos, así que el viaje a casa se les hizo muy corto. Cuando llegaron, los Sanders insistieron que los niños hicieran los deberes mientras ellos preparaban la comida, a pesar de sus protestas y de prometer que los harían por la tarde, por lo que los cuatro amigos no tuvieron ocasión de hablar sobre lo que había visto Álex. Lo cierto es que fue una suerte que les hicieran trabajar porque por la tarde después de comer se despejó el día y les permitieron salir a jugar fuera. Álex y María llevaron a los gemelos a la colina que había detrás de su casa, desde donde se veía toda la urbanización en la que vivían y donde podían gozar de un poco de soledad. En cuanto comprobaron que no había nadie alrededor, Yerak y María le preguntaron a Álex por lo que había visto.

—Veréis, la cueva brillaba con una tenue luz dorada como la de vuestras botellas —contestó Álex, como si con eso lo explicara todo.

—Bueno, ¿y eso qué significa? —preguntó Yerak.

—¿No lo pillas? —preguntó sorprendida Kanae.

—¿Pillar el qué? —dijo María que estaba tan perdida como Yerak.

—¡Maiuté! —gritó Álex.

—¿Qué quieres ...? ¡Dios mío! ¿Quieres decir que la entrada de la catarata es la entrada a la tumba de Maiuté? —preguntó María comprendiendo de pronto lo que quería decir su hermano.

—¡Entonces ese lugar sería el Unik más poderoso del mundo! —exclamó Yerak.

—Deberíamos explorarlo el fin de semana que viene, cuando volvamos a casa —sugirió Kanae—. Quizá encontremos algo más sobre la leyenda del extraño y podamos averiguar si es Rening, mientras tanto, hay que aguantar —añadió mirando cariñosamente a Álex.

—No me lo recuerdes —murmuró el muchacho, tumbándose en el suelo. Se quedó mirando el cielo pensativamente.

Los cuatro muchachos se quedaron callados durante un rato contemplando el paisaje. María no paraba de pensar en Rening, ¿de dónde diablos había salido? ¿Cómo había sabido la existencia de las botellas? Y...

—¿Cómo supo Rening que nosotros teníamos unas botellas mágicas? Ni siquiera nosotros lo sabíamos el primer día que fuimos a clase hasta que vosotros nos lo contasteis. No lo entiendo —dijo María.

—No tengo ni idea, es muy extraño —contestó Kanae.

—De algún modo tiene que poder hacer magia, si no, ¿cómo pudo encontrarnos? —dijo Álex.

—Nunca había oído que alguien pudiera hacer magia que no hubiera nacido en nuestro poblado, no puede ser —contestó Yerak.

—Bueno, ¿y nosotros? —replicó María.

—Vale, a excepción de vosotros, pero en vuestro caso encontrasteis las botellas y creo que, por algún motivo, estaban destinadas a vosotros, de otro modo no hubierais podido cogerlas. Estoy convencido de que Rening no tiene ninguna, por lo que no sé cómo puede hacer magia —dijo Yerak.

—No lo sé, pero si no puede hacer magia no debería saber nada de nosotros o nuestras botellas y está claro que lo sabe, sino, ¿por qué está acechándome? —dijo Álex.

—¿No estaremos equivocados? Quizá sólo sea un profesor pesado y estricto —dijo Kanae—. ¡Vale, vale! No estamos equivocados —rectificó ante la mirada de sus tres amigos.

—Por supuesto que no, todos lo hemos sentido y aunque no tengamos pruebas, que va detrás de nosotros es lo único que está claro —afirmó rotundamente Yerak—. Pero si puede hacer magia, ¿por qué nos persigue?

—Son demasiadas preguntas y ninguna respuesta —dijo María suspirando—. Será mejor que lo dejemos por hoy, se hace tarde y deberíamos volver a casa, no tengo ganas de que nos castiguen mis padres, ya tenemos bastantes problemas.

Los cuatro amigos regresaron a casa de los Sanders. Todavía estaban preocupados por Rening y por lo que pudiera ocurrir aquella semana, pero como tenían que preparar sus carteras para el día siguiente y recoger sus habitaciones, antes de que se dieran cuenta, ya era la hora de cenar. Se acostaron temprano, aunque Álex no tenía ganas de dormir, no sabía que le esperaba al despertar pero estaba convencido de que el lunes sería mucho peor que el último día de clase. Recordaba vívidamente la tentación de coger su botella y hacer desaparecer al profesor Rening, pero por suerte su hermana le detuvo, no creía que fuera capaz de resistir otra vez si Rening volvía a presionarle, y no estaba muy seguro de que consiguiera hacerle desaparecer, había más probabilidades de que su profesor le quitara la botella si la veía. Ojala su botella fuera invisible para todos excepto para su hermana, sus amigos y los maiutacs. Suspirando soltó la botella y se durmió.

Capítulo 6:

Cambio de clase

Álex se despertó sobresaltado al oír a Baldric, a pesar de sus temores, había dormido bien, ni siquiera se acordaba de haber soñado algo y eso que, cuando estaba muy nervioso solía tener pesadillas, en fin, pensó, espero que mi hermana y los gemelos puedan echarme una mano hoy, sino, no sé qué puede pasar. Se levantó y encontró a los gemelos esperando a que María saliera del cuarto de baño. Le extrañó mucho que estuvieran ya despiertos, normalmente él era el primero en levantarse, siempre había sido más madrugador que su hermana. Dio los buenos días a los gemelos y ellos le respondieron sin mucho entusiasmo.

—¡Eh, chicos! ¿Qué os pasa esta mañana? —preguntó Álex. Se fijó en que los dos hermanos estaban ojerosos.

—¡Malditas pesadillas! —refunfuñó Yerak.

—¿Tú no has tenido? —preguntó Kanae somnolienta—. Nosotros nos hemos estado despertando cada dos por tres y tu hermana también. Supongo que el profesor Rening nos preocupa más de lo que queríamos reconocer.

—¿Habéis tenido pesadillas con Rening? —preguntó Álex sorprendido.

—Sí —gruñó Yerak—, no paraba de perseguirnos y no teníamos dónde escondernos, daba miedo y encima estoy reventado.

—No habrá sido un sueño de esos que tenéis vosotros —insinuó Álex.

—Chaval, hoy vas a tener que ser más preciso, no sé a qué te refieres —gruñó Yerak.

—Sí, quiero decir que si no será un sueño *preco, preme,...*, bueno un sueño de esos —dijo Álex frustrado.

—Ah, ya, se refiere a un sueño premonitorio —aclaró Kanae—. No creo, yo no he tenido nunca ninguno, dudo que esta sea la primera vez.

—No ha sido un sueño premonitorio —dijo María gruñendo al salir del cuarto de baño—, solo ha sido una mala noche, llena de pesadillas sin sentido y me duele la cabeza —añadió dando a entender que no estaba de humor. Se fue a su habitación para terminar de vestirse.

—No lo sé, pero es muy extraño que los tres hayáis tenido pesadillas sobre lo mismo y yo, en cambio, que soy quien tiene clase con Rening, no haya tenido ni una sola, ni siquiera recuerdo haber soñado —insistió Álex.

—Mira, no sé por qué, pero estoy demasiado cansada para pensar en nada. Ya lo hablaremos en otro momento —dijo Kanae entrando en el cuarto de baño.

Yerak se apoyaba contra la pared, con los ojos cerrados, así que Álex lo dejó estar sabiendo que no conseguiría convencerlos de nada. Seguía pensando que era raro que hubieran soñado los tres lo mismo, estaba seguro de que no era una buena señal. Suspirando, entró en el cuarto de baño cuando le tocó el turno y después bajó a desayunar. De camino al colegio los cuatro estuvieron muy callados, sobre todo Yerak que daba cabezadas sin poder evitarlo. Se despidieron sin mucho entusiasmo de Laura.

—Escúchame Álex —dijo María de pronto, sujetándole por el brazo para evitar que se fuera—, ten mucho cuidado, no hagas nada y sobre todo, no la toques, ni siquiera pienses que la llevas.

—Sí, no te preocupes, no haré nada estúpido —contestó enfadado el muchacho, no le hacían falta ese tipo de advertencias, lo que necesitaba era algo que evitara que Rening le machacara, y quizá un poco de ayuda.

—Estaremos alerta Álex, no te preocupes, te ayudaremos como podamos —dijo Yerak, como si le leyera el pensamiento. Álex asintió y entró en su colegio.

Los gemelos y María se apresuraron a ir a su clase, habían perdido algo de tiempo acompañando a Álex y no querían llegar tarde. La mañana discurrió lentamente. Ninguno de los tres estaba muy concentrado y las clases se les antojaron algo aburridas. No podían evitar mirar de vez en cuando por la ventana en dirección al colegio de Álex, aunque no sintieron que ocurriera nada. Hacia el mediodía empezaron a mirar impacientes el reloj esperando que fuera la hora de la comida. Esperaban que aquella vez Álex pudiera comer con ellos y les contara que tal le había ido la mañana. En cuanto sonó el timbre los tres recogieron sus cosas y fueron corriendo hacia el comedor. Se sorprendieron mucho cuando encontraron a Álex guardándoles sitio, con una sonrisa de oreja a oreja.

—¡Hola Álex! —saludó Kanae sentándose a su lado—. ¿Qué tal te ha ido el día?

—Muy bien, la verdad —contestó el muchacho, parecía tan feliz que sus tres amigos se miraron desconcertados.

—¿Todo ha ido bien con tu profesor? —preguntó cautelosamente María. No quería despertar sospechas.

—Sí, ha ido estupendamente —contestó el muchacho—. No ha habido ningún problema. ¿Qué tal si comemos? Tengo mucho hambre, además esta tarde tengo gimnasia, más me vale coger fuerzas.

Los cuatro comieron y bromearon, como si nada hubiera pasado, aunque los tres mayores se morían de ganas de preguntar a Álex que es lo que había pasado para que estuviera tan contento. Después de que el viernes fuera el peor día de su vida y de que Rening hubiera estado a punto de conseguir que Álex hiciese magia en clase, no esperaban un buen comienzo para aquella semana, pero sabían que no podían hablar de aquel tema en el colegio. No tenían más remedio que esperar hasta que llegaran a casa de los Sanders. Cuando sonó el timbre se despidieron de Álex y regresaron a su clase.

—No sé si estoy más nerviosa hoy de lo que estuve el viernes —dijo María mientras caminaban hacia su clase—. ¿Qué diablos habrá pasado para que el enano esté tan contento?

—¿Enano? —exclamó Kanae.

—Es un mote cariñoso, olvídalo —respondió María—. No creeréis que le haya hecho algo ¿verdad? No le habrá hechizado, ¿no?

—¡Cállate o van a pillarnos! —dijo Yerak enfadado—. Mira, no sé qué es lo que ha ocurrido o que no, pero tendremos que esperar hasta la tarde para saberlo, además ninguno hemos tenido ninguna sensación de que sucediera nada malo, así que no te preocupes.

—Está bien, esperaremos hasta entonces —dijo María suspirando impaciente. La tarde iba a hacérsele muy larga.

Los tres muchachos entraron en clase. María durante toda la tarde lanzó miradas hacia la ventana y aunque estaba muy inquieta, no sintió en ningún momento que Álex estuviera en apuros. De vez en cuando miraba de soslayo a Yerak, que le sonreía a modo de respuesta para tranquilizarla. Los minutos se le antojaron horas y casi dio un respingo cuando por fin sonó el timbre que anunciaba el fin de las clases. Sin esperar a los gemelos recogió rápidamente y salió a toda prisa hacia la puerta. Quería llegar cuanto antes, si tenía suerte y su madre todavía no había llegado quizá podría hablar con su hermano, pero Álex todavía no había salido de clase cuando los gemelos la atraparon.

—¡Tranqui! —dijo Kanae dándole un empujoncito cariñoso—. Seguro que Álex está bien.

—Supongo que sí, pero ¿dónde diablos se ha metido? —dijo María, que no podía evitar estar preocupada.

—No veo a ninguno de sus compañeros —dijo Yerak mirando a su alrededor—. Eso es buena señal.

—¿Seguro? —dijo María—. No veo por qué.

—Bueno, sea cual sea el motivo de su retraso, es algo que incumbe a toda su clase y no sólo a Álex —aclaró Yerak.

—¿Qué estáis mirando? —dijo Laura sobresaltando a los chicos.

—¡Mamá! Qué susto me has dado —dijo María riendo—. Estamos esperando a Álex, pero todavía no ha salido.

—Qué extraño, normalmente salen antes que vosotros —murmuró Laura mirando su reloj.

—¡Mirad! Por ahí viene —gritó Kanae señalando al muchacho.

—Hola cariño —dijo Laura dando un beso a su hijo—, que tarde sales.

—Sí, es que a última hora ha venido el nuevo profesor a presentarse —dijo Álex.

—¿Nuevo profesor? —preguntó extrañada su madre—. Enviaron a Rening la semana pasada, ¿cómo es que vuelven a cambiarlo? —preguntó Laura frunciendo el ceño—. Eso no es bueno para vosotros.

—Bueno, según ha explicado el profesor Rening estaba pendiente de que le confirmaran su plaza definitiva y esta mañana le han comunicado su nuevo destino. Han enviado al sustituto porque mañana empieza a trabajar en otro colegio. El nuevo profesor parece muy simpático —explicó Álex guiñando un ojo a sus amigos.

—En fin, espero que todos estos cambios no os retrasen en vuestros estudios. Será mejor subáis al coche, que nuevo profesor o no, seguro que tenéis deberes que hacer —dijo Laura revolviendo el pelo a su hijo.

Los cuatro muchachos obedecieron a Laura y subieron al coche. Álex estaba tan contento que no paraba de canturrear, María lo miró enfadada, ¿por qué no les había contado nada en la comida? Menuda tarde le había hecho pasar. En cuanto se quedaran solos se iba a enterar, pensó rebufando. Yerak y Kanae miraron a la muchacha sorprendidos, no entendían que le ocurría ni por qué estaba tan enfadada, después de todo, que Rening se fuera era una gran noticia. Cuando llegaron a casa merendaron e hicieron los deberes para poder quedar libres y hablar tranquilamente. Cuando terminaron pidieron permiso para salir con las bicicletas y subieron a la colina donde sabían que estarían solos y podrían hablar tranquilamente

—¿Se puede saber por qué demonios no nos has dicho antes lo de Rening? —preguntó enfadada María—. Estaba muy preocupada enano, ¡creí que podía haberte hecho algo!

—¡No lo sabía! —contestó Álex enrojeciendo hasta las orejas al oír que su hermana estaba preocupada por él, siempre se habían peleado mucho y era un cambio muy agradable—. Estaba contento porqué Rening ha estado ignorándome toda la mañana, es como si yo ya no le interesara en lo más mínimo. Hasta el final de la clase no nos ha contado que se marchaba. Después del día de hoy, ¿creéis que estábamos equivocados respecto a él?

—No, no lo creo —murmuró Yerak cabizbajo—, sé que no nos imaginamos lo que pasó el viernes en clase y sé que no me imaginé que le presentía en la feria.

—Tienes razón, lo que sentimos fue real —dijo María—. Pero entonces, ¿por qué se marcha? Casi nos tenía, Álex no sabía cómo aguantar y de golpe y porrazo se va, no lo entiendo.

—Añádelo a la lista de cosas que no entendemos —dijo Kanae suspirando—. Me temo que no vamos a saber por qué se ha ido, pero deberíamos dar gracias. Al menos ya no tenemos que preocuparnos por él.

—Tienes razón —dijo Yerak—, pero me gustaría saber que era lo que tramaba, puede que se haya esfumado, pero no creo que sea la última vez que le veamos.

—A lo mejor estas en lo cierto, pero espero que tardemos mucho en volver a encontrarnos —dijo María—. Aunque por si acaso nos volvemos a cruzar con él, hay algo que deberíamos hacer.

—¿Qué? —preguntó extrañada Kanae.

—Prepararnos —contestó María—. Vosotros conocéis mucho sobre la magia, deberíais enseñarnos el lenguaje antiguo y cómo usar las botellas, así, si nos volvemos a encontrar con Rening o con algún peligro sabremos qué hacer.

—No es una mala idea —dijo Yerak—. Para nosotros servirá de entrenamiento y vosotros podréis aprender. Realmente esta colina está siempre desierta, ¿no? No está mal como lugar de entrenamiento. ¿Se enfadarán vuestros padres si nos quedamos aquí un rato?

—No, como ya hemos terminado los deberes si volvemos antes de cenar para ayudarles a poner la mesa, todo estará bien —contestó María.

—Entonces, este es el plan. Cada día cuando lleguemos a vuestra casa haremos los deberes y luego nos vendremos a entrenar aquí —propuso Yerak—. Tienes razón María, debemos prepararnos y lo mejor es empezar cuanto antes, quizá con una clase teórica.

Los cuatro chicos se sentaron en círculo. Yerak y Kanae les explicaron las reglas básicas, como que no debían permitir que les vieran haciendo magia personas ajenas a los maiutacs, que no debían usar la magia para hacer daño a los demás y sobre todo que no debían permitir que las botellas se vaciaran. Cuando hacían magia, el nivel de las botellas descendía, si se vaciaban del todo podían morir. Álex y María se miraron asustados, aquello ya no parecía un juego de niños. Los gemelos les tranquilizaron asegurándoles que ninguno de los cuatro poseía tanto poder como para gastar las botellas, y menos aún con un solo hechizo. Los hermanos Sanders respiraron aliviados. Kanae les explicó que los hechizos que eran capaces de hacer gastaban poca magia y tendrían que pasarse todo el día hechizando para dejar las botellas vacías. Cuando el nivel de magia descendía, lo mejor era dejar de usar magia durante un rato y comer algo para reponer fuerzas, de esta forma la botella volvía a llenarse por sí sola.

Después de repasar las cuatro reglas básicas, los gemelos pasaron a enseñarles algunas palabras del lenguaje antiguo de los maiutacs. Cuando la Dunae se había activado habían aprendido unas pocas, como por ejemplo que era un Unik, un lugar sagrado de potente magia, y en principio les pareció que no era muy difícil, pero lo cierto es que, después de una hora, a Álex y a María les dolía la cabeza y los gemelos estaban muy cansados, quizá, después de todo, no era tan fácil como imaginaron. María pensó que habían tenido que aprender gran cantidad de palabras nuevas y que ni siquiera habían probado a hacer magia. No, la verdad es que era mucho más difícil de lo que en un principio le había parecido, pero decidió no comentarlo para no desanimar a su hermano. No pudo evitar sentirse aliviada por la perspectiva de volver al colegio sin tener que aguantar al profesor Rening, no estaban preparados para enfrentarse a alguien con magia, fuera quien fuera, al menos, no por ahora y tenía la sensación de que aún tardarían mucho tiempo en estarlo.

Decidieron dejarlo y volvieron a casa. Ayudaron a preparar la mesa y estuvieron muy animados durante la cena. Sintiéndose a salvo, sin la amenaza de Rening, volvían a pensar sobre la magia de las botellas y a soñar con lo que podrían hacer con ellas. Se acostaron temprano, deseando que llegara el día siguiente, esperando sobre todo su clase de entrenamiento.

Por la mañana se levantaron pronto y bajaron a desayunar en seguida. Álex y María empezaron a devorar todo lo que les pusieron sus padres e incluso repitieron; los Sanders estaban bastante sorprendidos y sus hijos también. Susurrando Kanae explicó a los dos niños que usar magia, e incluso simplemente llevar puestas las botellas y estudiar magia, provocaba mucho gasto de energía y que por eso tenían más hambre de lo normal. Recogieron el desayuno y Raúl les llevo al colegio. Durante el trayecto, a excepción de Yerak que aprovechó para echar una cabezadita, bromearon y rieron sin parar. Kanae se dio cuenta de que la sombra de Rening aquellos días les había afectado más de lo que ninguno querría admitir. Se despidieron de Raúl y entraron en sus colegios. Álex se separó de los otros sintiendo un poco de envidia, se estaba acostumbrando a estar siempre juntos y se le hacía un poco duro ir sólo a clase, pero sabiendo que a partir de entonces tendría un nuevo profesor, entró sonriendo.

Álex estaba en clase de matemáticas cuando un escalofrío recorrió su espalda. Miró a su alrededor extrañado pero no había nada fuera de lo normal, en clase todos sus compañeros atendían la lección y el patio se veía desierto. No sabía que era lo que lo había provocado pero no pudo evitar tener un mal presentimiento, ojalá pudiera hablar con María y con los gemelos. Pasó el resto de la mañana algo distraído, mirando por la ventana, consultando su reloj cada cinco minutos y al final se ganó un castigo de Stevenson, su nuevo profesor.

En cuanto sonó el timbre anunciando la hora de comer, salió chispando hacia el comedor. Cuando llegó, sus amigos aun no estaban, así que guardó el sitio para los cuatro. No paraba de mirar hacia la puerta esperándoles, así que pudo ver claramente a Rening entrando en el comedor. Álex se quedó de piedra y dio un buen respingo cuando sus amigos se sentaron a su lado, pues no había podido evitar seguir con la mirada a su antiguo profesor y no se dio cuenta de que María y los gemelos entraban detrás de él.

—¿Qué diablos hace Rening aquí? —preguntó exasperado Álex.

—No preguntes, es peor de lo que te imaginas —contestó Yerak.

—Es el nuevo profesor de inglés del instituto y esta mañana hemos tenido clase con él —explicó María.

—Sí, pero para Yerak, ha sido como tener clases particulares, no paraba de preguntarle y de criticarle sus fallos burlándose de él delante de toda la clase, ese tipo es horrible —explicó Kanae—. Bueno, no te preocupes Álex, que en el instituto tenemos un profesor para cada asignatura, así que sólo tenemos que aguantarle una hora al día y además estamos los tres juntos —añadió al ver la cara de preocupación del pequeño.

—Chicos, dejemos el tema para nuestra clase de entrenamiento —susurró María poniéndose a comer. Justo detrás de ellos apareció el profesor Rening que parecía estar dando una vuelta por el comedor.

Por la tarde, en cuanto quedaron libres de sus tareas, cogieron las bicicletas y se fueron a la colina de entrenamiento. Los cuatro muchachos estaban desconcertados ante la aparición de Rening como nuevo profesor en el instituto.

—Una cosa María —dijo Álex de pronto—, ¿no decía mamá que los profesores de colegio no pueden ser profesores de instituto?

—Sí, tienes razón, alguna vez lo ha comentado, ¿pero entonces cómo lo ha hecho? El director del instituto no le dejaría trabajar si no pudiera —contestó María.

—Vale, sé que os dije que no había oído nunca que nadie fuera de los maiutacs pudiera hacer magia, pero después de esto, me parece que queda claro que Rening sí puede hacer magia de algún modo y por eso nos está dando clase —dijo Yerak.

—¿Quieres decir que ha hechizado al profesor para conseguir el puesto? —preguntó María.

—Desde luego no puede ser una casualidad que ahora esté en nuestro instituto, pero no entiendo por qué se ha cambiado, si quiere algo de nosotros, parece mucho más sencillo ir a por ti Álex, que estás sólo en clase, que ir a por nosotros que estamos juntos y que sólo nos da una hora al día —respondió Yerak.

—No lo sé, desde luego es un cambio inesperado —dijo Álex—. Será mejor que tengáis mucho cuidado, aunque estéis juntos, me parece que Rening es un tipo muy peligroso.

—Sí, pero lo que me gustaría saber es que es lo que busca —dijo Kanae—. ¿Querrá nuestras botellas para poder ser más poderoso?

—Podría ser, pero si ya me parecía raro que supiera de nosotros, aún me parece más difícil que conozca la existencia de las botellas. La verdad es que no tengo ni idea de cómo nos ha encontrado o que es lo que quiere de nosotros, pero el viernes en cuanto vea a mi padre pienso contárselo todo, él sabrá que hacer —dijo Yerak.

—Esa es una buena idea, pero hasta entonces deberíamos intentar averiguar que pretende —dijo Álex.

—Ya, claro, ¿pero cómo lo hacemos?, ¿le preguntamos a él? —refunfuño María.

—Sí, eso sería muy divertido, ¿oiga profesor Rening que es lo que quiere de nosotros?, ¿nuestras botellas mágicas? No son preguntas que me gustaría hacerle —gruño Yerak.

—¡No seas bruto! —riñó Kanae—. Por supuesto que no podemos hablar con él, pero quizá podríamos intentar investigar cómo consiguió el puesto de profesor, si alguien le conoce, a lo mejor así podríamos saber si ha usado magia o no.

—Sigue siendo muy difícil —dijo María.

—Vale, nadie ha dicho que sea fácil, pero Álex tiene razón, es importante saber algo más de él, ver que quiere —insistió Kanae.

—En el despacho del director —dijo Álex.

—¿Qué? —dijeron sus tres amigos a la vez sin entenderle.

—Si nos colamos en el despacho del director podríamos buscar su expediente, ¿no? Sé que mamá a veces ha consultado los expedientes de los profesores cuando está investigando alguna denuncia; el director del instituto debe tener los de sus profesores —explicó Álex.

—No es una mala idea, pero, ¿cómo nos colamos en su despacho? —dijo Yerak—. Me da la impresión de que si lo intentamos nos vamos a meter en un lío peor y no podemos usar magia para protegernos u ocultarnos, de hecho no debemos usar magia cerca de Rening bajo ningún concepto.

—Me duele la cabeza —protestó María—, ¿por qué diablos nos pasa esto a nosotros? Bastante follón es todo el tema de las botellas y la magia para que encima tengamos que aguantar a Rening. Dios, ojalá supiéramos que quiere de nosotros o mejor, ojalá pudiéramos deshacernos de él.

—Ten cuidado con lo que deseas, a veces se hace realidad —murmuró Yerak.

—¡Eh! Que sólo estaba pensando en enviarlo a Laponia o algo así —aclaró María.

—Aun así, vigila, que la magia es mucho más poderosa de lo que imaginas —recalcó Yerak mirando fijamente a la muchacha. María bajó la vista avergonzada.

Los cuatro amigos se quedaron un rato más, dándole vueltas a su situación. Al final acabaron con dolor de cabeza y sin haber encontrado ninguna respuesta. Decidieron dejarlo y volver a casa, ya entrenarían otro día. Necesitaban descansar un poco y la semana se preveía dura. Estaban a punto de subirse a sus bicicletas cuando se quedaron petrificados. Delante de ellos, a unos cinco metros, un puma les gruñía amenazadoramente.

—¡Corred a los árboles! —gritó Yerak corriendo hacia un árbol.

María y Kanae corrieron siguiendo de cerca a Yerak y subieron a uno de los árboles más altos, pero Álex se quedó inmóvil como hechizado por el puma, incapaz de dar un solo paso.

—¡Álex! ¡Álex! —gritó María desesperada mientras los gemelos la sujetaban para impedir que bajara del árbol—. ¡Corre, ven aquí!

—¡No se te ocurra moverte! —replicó Yerak, evitando que María se zafara de él—. Quédate muy quieto, no hagas ningún ruido y vosotras dos, en cambio, tenéis que hacer tanto ruido como podáis para atraer al puma.

Las dos chicas hicieron caso a Yerak y empezaron a gritar, mientras el chico agitaba las ramas a su alrededor. El puma, que miraba fijamente a los tres muchachos, empezó a acercarse lentamente hacia ellos. Pasó rozando a Álex y María pudo ver como su hermano temblaba. Las lágrimas rodaban por las mejillas de la muchacha, pero siguió gritando y moviéndose para que el puma se fijara en ellos y no en Álex. De pronto su hermano se dio la vuelta.

—¡Álex! ¡Por dios, no te muevas! —gritó María.

—Rening —dijo Álex moviendo los labios claramente, para que su hermana le entendiera sin emitir ningún sonido. María se quedó desconcertada, pero antes de que pudiera reaccionar oyeron un grito que venía de la calle cerca de la colina.

—¡Eh! ¿Qué está pasando aquí? —gritó una voz desconocida. Los cuatro muchachos se volvieron hacia la voz. Un policía subía por la cuesta de la colina.

—¡Ayúdenos! —gritó María—. ¡Un puma nos está atacando!

El policía sacó su pistola y llegó corriendo a la cima de la colina, pero el puma había desaparecido como por arte de magia. El policía enfundo de nuevo su arma y observó a los muchachos con cara de pocos amigos.

—Con qué un puma, ¿eh? —dijo el policía mirando ceñudo a los cuatro. Los gemelos y María se apresuraron a bajar del árbol. María corrió asustada a abrazar a su hermano, que todavía temblaba del susto.

—Señor, le aseguro que había un puma, mire —exclamó Yerak señalando unas huellas que había dejado el animal.

—¿Un puma en libertad por aquí? —murmuró el hombre examinando el rastro—. Esto es muy extraño. Será mejor que os acompañe a casa y de parte a los forestales.

El agente llevaba una pick–up cinco plazas y pudieron subir sus bicicletas en la parte de atrás. Los cuatro amigos permanecieron muy callados, María no paraba de darle vueltas a lo que había dicho su hermano, pero no podía preguntarle, no delante del policía. Cuando llegaron a casa, sus padres se asustaron mucho cuando el agente les contó lo que había pasado y le dieron las gracias por haber ayudado a los niños. Estaban tan preocupados que no les dejaron solos ni un momento, así que María tuvo que esperar hasta que se fueron a la cama.

—Oye Álex, ¿qué has querido decir antes con Rening? —preguntó susurrando María, no quería que sus padres los oyeran.

—¿Rening? —preguntó Yerak—. ¿No creerás que tenga algo que ver con el puma?

—Bueno, esto yo, en fin, el puma era Rening —balbuceó Álex nervioso.

—¿Qué? ¿Rening? —exclamó Kanae—. No puede ser, una transformación así, es magia avanzadísima. ¿Estás seguro?

—Sí, verás, no sé muy bien cómo explicarlo, pero sus ojos, era Rening, os lo aseguro. Además, ¿los pumas sudan? —contestó Álex.

—Creo que no, transpiran por la boca como los perros —dijo María.

—Pues este puma tenía la frente empapada por el sudor, como si le costara mucho esfuerzo moverse o incluso gruñir —explicó Álex.

—Entonces Rening es mucho más peligroso de lo que creíamos —dijo Kanae—. Debemos tener mucho cuidado, pero lo que no entiendo es que si es capaz de hacer magia tan poderosa por qué nos persigue, qué quiere de nosotros.

—No lo sé —murmuró Yerak suspirando—. Pero no creo que lo resolvamos hoy, así que mejor nos vamos a dormir, estoy reventado.

Se dieron cuenta de que todos estaban agotados, su aventura con el puma les había asustado más de lo que querían reconocer y la tensión les había pasado factura. A pesar de los nervios y la preocupación, los cuatro niños se durmieron en seguida.

Capítulo 7:

Secuestrados

Por la mañana los cuatro muchachos se despertaron con el ruido de la lluvia al golpear el tejado. María miró enfurruñada por la ventana de la habitación, odiaba los días de lluvia, sobre todo si le tocaba clase de gimnasia, tendrían que quedarse en el gimnasio y seguramente les tocaría saltar el potro y cosas así, no le gustaba nada en absoluto. De pronto tuvo una idea y corrió a buscar a los demás.

—¡Escuchadme chicos! —dijo María susurrando a sus amigos—. Tengo un plan para poder entrar en la sala de profesores.

—¡Ay! Me da que nos vamos a meter en un lío —dijo Álex, su hermana le lanzó una mirada furiosa y él decidió callarse.

—Mirad, los días de lluvia no salimos al patio, así que en el recreo nos quedamos dentro del instituto. Con el follón que se forma y lo locos que van los profesores controlándonos a todos, es el momento oportuno para intentar colarnos dentro de su sala —explicó María.

—Aún a riesgo de parecer un aguafiestas, me parece que no es un plan muy definido, ¿has pensado en todo lo que podría salir mal? —dijo Yerak frunciendo el ceño.

—Venga ya, hermano, el que algo quiere, algo le cuesta —replicó Kanae—. No creo que sea tan mala idea.

—Una de las cosas que os puede pasar es que os expulsen —dijo Álex preocupado.

—Pero bueno, ¿no había sido idea tuya? —exclamó sorprendida María—. ¿Ahora no querrás rajarte?

—¡No es eso! —replicó enfadado Álex—. Pero creo que después de lo ayer, debemos tener mucho cuidado.

—¡Ahí te doy la razón chaval! —dijo Yerak dándole una palmadita cariñosa.

—Entonces lo haremos nosotras —dijo María cruzándose de brazos en actitud desafiante. Kanae se puso a su lado para respaldarla.

—Ni hablar, lo haré yo —refunfuñó Álex.

—¿Qué? —exclamaron sus tres amigos al unísono.

—Es lo que os quería decir, yo voy al colegio, no al instituto y no podrán expulsarme si me encuentran en la sala de profesores, como mucho me reñirán y en el cole me pondrán un castigo. Además siempre puedo decir que estaba buscando a mi hermana y que me he perdido —explicó Álex.

—No es mala idea —dijo Yerak—. Pero aun así es peligroso si Rening te descubre.

—No digo que no, pero por lo que sabemos, ya no está interesado en mí —replicó Álex.

—Sé que anteayer te ignoró, pero no es cuestión de ponérselo en bandeja —gruñó Yerak.

—Tendremos que cubrirle las espaldas —dijo María encogiéndose de hombros, como si eso fuera tan sencillo.

—Ya, vale, ¿cómo? —preguntó Kanae socarronamente.

—Portándome mal en clase —saltó Yerak—. No me miréis así, justo antes del patio tenemos clase con Rening, no será difícil darle una excusa para que me castigue —añadió guiñándoles un ojo.

—Ni hablar —dijo María, pálida como la cera—. No puedes quedarte a solas con Rening.

—Es verdad —dijo Kanae—. Te machacará.

—Gracias por la confianza —refunfuñó Yerak.

—Y si fuera yo la que me quedara con Rening a solas me machacaría a mí —dijo Kanae—. No seas cabezota, quizá podríamos pelearnos en clase y que nos castigue a los dos. María se quedaría fuera de la clase y le daría la señal a Álex para que fuera a la sala de profesores. Cuando salgamos podría correr a avisarle para que no le pillen.

—Ese sí parece un buen plan —dijo tímidamente María.

—Tiene razón, Yerak —añadió Álex.

—Está bien, lo haremos como tú dices —cedió Yerak.

Los cuatro bajaron a desayunar. Estuvieron bastante callados, pero los Sanders atribuyeron su silencio al susto de la tarde anterior y no le dieron importancia. Durante el trayecto ni siquiera Yerak pudo dormir. Parecía estar dándole vueltas al asunto y su hermana estaba igual de concentrada. María suspiro, el único que estaba más tranquilo era Álex, que miraba por la ventana contemplando el paisaje. En el fondo, Álex estaba tan asustado que había decidido dejar de pensar en nada o sabía que le daría un ataque de nervios.

En cuanto llegaron, Álex se fue hacia su colegio casi sin despedirse. Los gemelos y María no pudieron evitar sonreír, dándose cuenta de que a pesar de la aparente tranquilidad, el chico estaba mucho más nervioso de lo que pretendía demostrar. Una vez en clase, María y los gemelos no podían concentrarse y se pasaron el rato mirando el reloj. Kanae supo que tendría que pedir los apuntes a algún compañero porque ni siquiera ella era capaz de prestar atención.

Álex, por su parte, no paraba de mirar por la ventana. Por suerte seguía lloviendo, así que esperaba que sus amigos pudieran hacer su parte y se ganó un par de sermones de su profesor, por estar distraído. Al final se obligó a estar atento y tomar apuntes, no quería que le castigaran a él y echar por tierra todo el plan.

Los cuatro amigos sentían que el tiempo iba mucho más despacio aquel día. La clase de Rening parecía ser eterna y la hora del patio no llegaba nunca. Yerak estaba tan absorto en sus pensamientos que se sobresaltó cuando su hermana empezó a chillarle.

—¿Por qué me has tirado mis apuntes? —gritó Kanae enfadada.

—¿Qué? ¿De qué estás hablando? —preguntó Yerak desconcertado.

María tuvo que esforzarse por no reír, se dio cuenta de que Yerak estaba tan despistado que su hermana le había pillado desprevenido. O quizá es que Kanae se había dado cuenta y había decidido aprovechar la ocasión. Lo cierto es que la pelea estaba resultando de lo más convincente. Aunque la muchacha se asustó de verdad al ver la expresión de Rening, parecía estar disfrutando, como si le hubiera tocado la lotería. A lo mejor no había sido tan buena idea, empezó a temer que algo saliera mal.

—¡Yerak y Kanae, ya basta! —gritó Rening—. ¿Qué es lo que está pasando aquí?

—Yerak me ha tirado los apuntes —dijo Kanae.

—Y has considerado que empezar a gritar a tu hermano era la mejor opción, ¿no es cierto? —dijo el profesor Rening. La muchacha bajo la mirada avergonzada.

—¿Y tú? —dijo ahora, dirigiéndose a Yerak.

—Yo no he hecho nada —contestó el muchacho.

—¿Y por eso le gritabas a tu hermana? —replicó el profesor. Ahora le tocó el turno de abochornarse a Yerak.

María estaba demasiado preocupada como para admirar la actuación de los gemelos. En ese momento sonó el timbre. Rening castigó a los dos hermanos sin salir al patio y los demás alumnos salieron de clase. María no estaba muy convencida pero abandonó la clase con sus compañeros. Álex ya estaba fuera y casi sin darse cuenta le indicó que lo intentara. En cuanto su hermano se fue, ella pego la oreja a la puerta. Rening estaba riendo y oyó claramente que les decía que no podía creer la suerte que había tenido, porque ahora estaban a su merced. María no esperó más y echó correr en busca de su tutor. Le daba igual que pillaran a Álex o que su plan no tuviera éxito. Yerak y Kanae tenían un problema mucho más grave. Al quedarse a solas con Rening se habían puesto en peligro, mucho más de lo que ninguno de ellos podía haber sospechado.

Por suerte encontró al tutor en uno de los pasillos cerca de su clase y casi arrastras lo llevo hasta el aula, explicándole que los gemelos habían discutido y que él debía ir a separarlos. Como imaginó, el tutor entró corriendo a su clase abriendo de par en par la puerta y se quedó un poco sorprendido al ver la situación. Yerak y Kanae estaban cogidos de la mano frente al profesor Rening y parecía que se llevaban la otra mano hacia el pecho. Rening estaba ante ellos con los brazos estirados y los ojos entrecerrados. Al ver al tutor y a María, que había entrado detrás de él, Rening carraspeó disimulando y los dos hermanos parecieron despertar de un trance.

—Bueno, creo que queda claro, ¿no? —dijo el profesor Rening, como si estuviera continuando la conversación con los gemelos—. Señor Robbins, ¿quería usted alguna cosa?

—Verá, lo cierto es que María me ha dicho que los gemelos se estaban peleando, pero veo que tiene usted la situación controlada —explicó el señor Robbins.

—Sí, aunque creo que no les vendría mal que usted les llamara la atención. De hecho, los dejo a su cargo —dijo Rening saliendo raudo de la clase sin dar opción al señor Robbins.

María emitió un gritito y salió en pos del profesor Rening, supuso que de alguna forma él había descubierto su plan, así que ahora tenía que ayudar a su hermano. Llegó a la sala de profesores justo cuando Rening y su hermano salían. El profesor rodeaba con el brazo a Álex y éste no parecía muy preocupado.

—¡Oh, mira, aquí está tu hermana! —dijo Rening—. María, será mejor que acompañes a Álex a su clase, el pobrecito está asustado con la tormenta y ha venido a buscarte.

Casi sin dar crédito a su suerte, cogió de la mano a su hermano y se marcharon hacia la salida. Por el camino les atraparon los gemelos. Estaban muy pálidos y parecían agotados. María quería saber que les había pasado, pero Yerak se lo impidió diciendo que ya hablarían de todo en casa. Álex les contemplaba extrañado sin entender que les había ocurrido para que tuvieran tan mala cara, pero con la que estaba cayendo, ni siquiera pudo aprovechar el camino hasta su colegio para interrogarles, porque tuvieron que cruzar corriendo para evitar mojarse demasiado.

María y los gemelos dejaron a salvo a Álex en clase y volvieron al instituto. Por fortuna el resto del día pasó sin más incidentes. María no paraba de mirar de reojo a sus amigos. Seguían algo pálidos, como si estuvieran enfermos y de vez en cuando cerraban los ojos y suspiraban. Estaban extenuados. La joven se preguntó qué diablos les habría hecho Rening.

En cuanto llegaron al coche Laura se dio cuenta de que los gemelos se encontraban mal, continuaban muy pálidos y en el coche no paraban de cabecear. Les preguntó que les ocurría pero ellos se limitaron a contestar que simplemente estaban muy cansados. Al llegar a casa les tomó la temperatura y aunque comprobó que no tenían fiebre, los mandó a la cama y decidió llamar al médico. Mientras esperaban al doctor, Álex y María subieron a la habitación de María, donde se habían estirado los gemelos.

—¿Estáis bien? —preguntó tímidamente Álex.

—Tranquilo, solo es cansancio —murmuró Yerak.

—¿Qué ha pasado con Rening? —preguntó María.

—En cuanto salió todo el mundo de la habitación, se nos encaró y dijo que esa era su oportunidad —dijo Yerak.

—Sí, me temo que se lo pusimos en bandeja —añadió Kanae.

—¿Pero qué os hizo? —preguntó María.

—No lo sé, creo que intentó hipnotizarnos o algo así —respondió Kanae—. No sé muy bien lo que nos dijo o si nos preguntó algo. Solo sé que únicamente podía decir no y que me agarré a Yerak tan fuerte como pude.

—Sí, también es más o menos lo que hice. Suerte que estabas a mi lado —reconoció el muchacho—. Aunque creo recordar que nos preguntaba algo así como ¿dónde está?, pero no sé a qué se refería. ¿Y a ti cómo te ha ido Álex?

—Ha sido raro, encontré el expediente de Rening —contestó el pequeño—. Estaba en blanco.

—¿Qué? ¿En blanco? No puede ser —dijo María—. Tendría que poner todos sus datos, como donde estudió, su experiencia y todas esas cosas.

—Sólo estaba escrito su nombre —dijo Álex—. Pero eso no fue lo más extraño. Rening me pilló en la sala de profesores, por suerte ya no tenía su hoja en la mano y estaba a punto de salir. Creí que me caería una buena, sin embargo, fue muy amable conmigo. Me preguntó que hacía allí y como acordamos le dije que te buscaba a ti, María. Le dije que estaba asustado por la tormenta y él me ofreció acompañarme a buscarte. No lo entiendo.

—¿Por qué no ha intentado sonsacarte a ti? —preguntó Yerak—. Nosotros se lo hemos puesto en bandeja, pero tú también, me resulta increíble que te dejara marchar sin más.

—¿Sabes una cosa Álex? Es como si te ignorase desde hace unos días, desde el lunes concretamente. No sé por qué —dijo María

—¡El domingo! —gritó Álex.

—No, el domingo no le vimos, tonto —corrigió su hermana.

—No, no es eso, el domingo cuando me fui a la cama cogí mi botella y desee que fuera invisible para todos excepto para vosotros, lo había olvidado.

Los cuatro amigos se miraron, pero antes de que alguno pudiera decir algo, Laura les interrumpió. Había llegado el médico y les pidió a sus hijos que salieran de la habitación para que el doctor examinara a los gemelos. Después de inspeccionarlos, el doctor dictaminó que lo único que tenían era un cansancio extremo, que con un poco de reposo, es decir, nada de hacer deporte, ni actividades que pudieran agotarlos y comer bien para reponerse, en un par de días estarían como nuevos. Recomendó que al día siguiente, aprovechando que era viernes, no fueran a clase y así tendrían tres días para descansar. Laura acompañó al doctor y les dijo a sus hijos que podían quedarse con los gemelos, siempre y cuando no los cansaran.

—Supongo que el enfrentamiento con Rening nos ha agotado —dijo Yerak en cuanto estuvieron solos—. No os preocupéis, no pasa nada —añadió al ver lo preocupados que estaban sus amigos—. El médico ha dicho que con un poco de descanso se arreglará todo, incluso nos ha dado permiso para no ir mañana a clase.

—Esperad un segundo, ¿mañana os quedaréis en casa? —preguntó nervioso Álex.

—Sí, eso ha dicho el médico —dijo Kanae, que parecía muy aliviada.

—¡Entonces María estará sola con Rening! —gritó Álex.

—¡Cállate! No chilles o mamá nos echará —regañó María—. Además, no me quedaré a solas, te prometo que seré muy prudente y no haré nada que pueda darle una excusa para castigarme —añadió al ver que los gemelos se habían puesto tensos de repente.

—No puedes ir sola a clase, le diremos a tu madre que estamos bien —dijo Kanae.

—Pero no lo estáis y no os dejaré hacerlo —replicó María muy seria.

—Puede que no tengamos que hacerlo —dijo Yerak—. Álex quizá ya tenga la solución, antes nos has dicho que hiciste un hechizo, ¿qué es exactamente lo que dijiste el domingo cogiendo la botella?

—Ojala mi botella fuera invisible para todos excepto para mi hermana, mis amigos y los maiutacs.

—Creo que eso hizo que te ocultaras ante Rening y por eso te ignora —explicó Yerak.

—Podría funcionar —dijo Kanae—. Hagámoslo. Repitamos cada uno el hechizo y a ver qué pasa.

Los tres cerraron los ojos y murmuraron las palabras mientras Álex les miraba atentamente.

—¿Habrá dado resultado? —preguntó María. No se notaba diferente.

—Espero que sí —murmuró Kanae preocupada—. Aún con todo, no deberías ir tú sola a clase mañana —no quería que le pasara nada malo a su amiga.

—Vosotros no podéis ir y no colará que intente quedarme, creedme lo sé —dijo María.

—Es muy arriesgado —dijo Yerak, que también se sentía mal por dejar sola a su amiga.

—Venga, tranquilos —animó Álex—, pensad que yo ni siquiera sabía lo que estaba haciendo y el hechizo funcionó. Rening al día siguiente ya no me hizo caso, seguro que mañana mi hermana estará a salvo, Rening la ignorará como hizo conmigo, ya lo veréis —añadió convencido.

—Mi hermano tiene razón, venga chicos, que no me pasará nada —insistió María.

—¡Maldita sea! ¡Burro, burro y mil veces burro! —gritó de pronto Yerak. Los demás le miraron sorprendidos—. Deberíamos haber traducido el hechizo, en su forma maiutac habría sido mucho más potente.

—Da igual, seguro que tal y como lo hemos hecho es… —María no pudo terminar la frase porqué apareció su madre corriendo.

—¿Qué ocurre? —preguntó Laura—. ¿Estáis bien?

—Sí, sí, perdón Laura, es que me he dado cuenta de que me he dejado los deberes de mates en clase —mintió Yerak descaradamente.

—Bueno, no tiene importancia —dijo Laura revolviéndole el pelo cariñosamente—. María puede cogértelos y te los traerá por la tarde, después de todo debéis descansar, así que mañana os dedicaréis a gandulear un poco y no os permitiré hacer deberes ni nada por el estilo, pero no os acostumbréis, ¿de acuerdo?

Obligó a sus hijos a dejar a los gemelos solos para que descansaran. Álex y María aprovecharon para hacer sus deberes, pero acabaron tan pronto que la tarde se les hizo eterna. Se habían acostumbrado a estar los cuatro juntos y al estar los dos solos no sabían muy bien que hacer, echaban de menos a los gemelos y les hubiera gustado practicar un poco de magia o por lo menos aprender algo más del idioma de los maiutacs. Cuando por fin fue la hora de cenar subieron corriendo a avisar a sus amigos, aunque estaban tan dormidos que les dio pena despertarlos. Álex se acercó con cuidado a Yerak que dormía plácidamente en la litera de abajo.

—¿Qué haces enano? —preguntó María al ver que destapaba un poco a Yerak.

—Quería ver la botella de Yerak, cuando las habéis usado antes, las de los gemelos se han quedado casi vacías, ¿no dijeron que si se vaciaban del todo podías morir? —contestó Álex.

—¿Se nos han vaciado? —peguntó Kanae asomándose desde su litera.

—¿Qué se ha vaciado? —preguntó Yerak con voz somnolienta.

—Vuestras botellas al hacer el hechizo —respondió María.

—No puede ser, ¿y la tuya María? —preguntó Kanae bajándose de la litera. Los gemelos todavía estaban muy pálidos, pero ya no parecían tan cansados.

—No, puede que le falte un poquito —respondió María mirándose la suya.

—Es imposible que los tres hiciéramos el mismo conjuro y que nosotros gastáramos más que tú —dijo extrañado Yerak.

—¿No se habrán gastado cuando os enfrentasteis a Rening? —preguntó María.

—No hicimos magia —contestó Kanae—. No recuerdo muy bien lo que pasó, es como si hubiera estado en trance, pero si recuerdo que conseguí no coger mi botella.

—Yo tampoco la toqué —corroboró Yerak.

—¿Y si las botellas os hubieran protegido? —sugirió Álex.

Antes de que pudieran contestar, Raúl les avisó que la cena estaba lista y bajaron enseguida. Los gemelos comieron como si no lo hubieran hecho en varios días y cuando terminaron tenían mejor aspecto. Álex y María sonrieron al verlos algo más recuperados.

Cuando sus padres les mandaron a dormir, María se ofreció a recoger la cocina con Álex y les dijeron a los gemelos que subieran primero, que ellos no tardarían. Al ver a su hija tan solícita, Raúl y Laura sonrieron y se fueron a ver la televisión un rato.

—No te apresures a recoger, ¿vale? —dijo María.

—¿Qué pasa —preguntó extrañado Álex.

—Preferiría que estuvieran dormidos cuando subamos —contestó la muchacha.

—¿Por qué? —dijo Álex.

—Mira, se encuentran un poco mejor y si subimos, empezarán a preocuparse por mí —contestó María.

—Entiendo —dijo Álex—. Seguro que el hechizo habrá funcionado, mañana no te pasará nada, ya lo verás.

—Mmm —murmuró María.

Los dos chicos terminaron de recoger en silencio. Estaban preocupados por sus amigos, pero también por lo que pudiera suceder al día siguiente. Por suerte cuando se fueron a dormir, los gemelos estaban fritos. Procuraron no hacer mucho ruido para no despertarlos y se acostaron. María no paraba de dar vueltas, aunque no quería reconocerlo, estaba asustada. Era consciente de que ella sola no podía enfrentarse a Rening y no estaba tan segura como su hermano de que el hechizo hubiera funcionado. Si no lo había hecho, no creía que pudiera sobrevivir a una pelea con Rening si a los gemelos les había ido tan justo.

Al final el cansancio pudo con ella y se quedó dormida, aunque se pasó la noche soñando que Rening la perseguía y que ella no encontraba ni a sus amigos ni a su hermano. Se despertó sobresaltada y vio que era de día. Miró el reloj, aún falta un poco para la hora de desayunar, pero decidió levantarse y despertar a su hermano con cuidado para que los gemelos no se enterasen.

Laura llevó a sus hijos a clase mientras Raúl se quedaba con Yerak y Kanae. Cuando Raúl despertó a los dos niños para que bajaran a desayunar, se enfadaron un poco al ver que sus amigos ya se habían ido. Se encontraban mejor y habían planeado convencer a los Sanders para que les dejaran ir a clase.

—María se lo ha imaginado, seguro —dijo Yerak cuando se quedaron solos en el jardín—. Podíamos haber ido con ellos, estoy mucho mejor, mira mi botella, ya está llena.

—Sí, la mía también —dijo Kanae—. Pero no te preocupes, si a Álex le funcionó el hechizo, a nosotros también, así que María estará a salvo.

—Eso espero, porque no creo que desde aquí le sirvamos de mucha ayuda—suspiró Yerak—. Oye, ¿recuerdas algo más de lo que nos pasó en clase?

—No, es como si estuviera borroso, no soy capaz de pensar siquiera en ello, cuando intento centrarme, todo se desdibuja. Solo me acuerdo de que Rening preguntaba y nosotros le contestábamos que no, cada vez más flojo, como si perdiéramos fuerza —contestó la muchacha.

—Sí, es más o menos lo que recuerdo. Aunque dijo algo como dónde o como si quisiera que le reveláramos algún lugar —dijo Yerak.

—¿Crees que busca nuestro pueblo? —preguntó asustada Kanae.

—No lo sé, aunque estoy seguro de que es algo relacionado con la magia—respondió el muchacho—. De todos modos, sea lo que sea, desde aquí no podemos averiguarlo.

—Tienes razón, por mucho que le demos vueltas no vamos a solucionar nada —murmuró cabizbaja Kanae estirándose en una tumbona.

—Me parece que va a ser un día muy largo —suspiró Yerak.

Los dos hermanos se quedaron tumbados tomando el sol, pensando en María y en Rening. El jardín de los Sanders era muy bonito y corría una suave brisa. Pronto, a pesar de sus preocupaciones, volvieron a dormirse y Raúl les sobresaltó al despertarlos para comer.

—Con que iba a ser un día largo, ¿eh? —susurró Kanae guiñándole un ojo a su hermano. Yerak enrojeció hasta las orejas.

—Bueno, al menos no he tenido ningún presentimiento, supongo que eso significa que están bien —respondió susurrando el muchacho.

Después de comer, Raúl dijo que tenía que hacer un recado en la ciudad, cerca del colegio y los gemelos le pidieron que les dejara ir con él, sugirieron que les podía dejar en la biblioteca que estaba al lado del instituto y que a las cinco irían a la puerta del colegio y así podía recogerles a los cuatro. Insistieron tanto y tenían tan buen aspecto que al final Raúl cedió.

Los gemelos se quedaron sorprendidos cuando entraron en la biblioteca. No habían estado nunca en ninguna, pero María les había hablado de ella y como les gustaba mucho leer, hacía días que querían ir. Jamás hubieran imaginado que fuera tan grande. Había un montón de libros, tantos, que tardaron un buen rato en decidir cuál escoger. Se sentaron en unos butacones cerca de una ventana y empezaron a leer. De vez en cuando miraban el reloj, para no despistarse. Aun así estaban tan concentrados leyendo, que por poco se les pasa la hora. Cuando llegaron al colegio, Álex y María ya estaban en la puerta y se alegraron mucho de verlos.

—¿Estáis mejor? —preguntó María.

—Sí, ¿y a ti cómo te ha ido? —respondió Yerak.

—Muy bien, Rening no ha aparecido —dijo María.

—¡Genial! —contestaron los gemelos aliviados.

—Una cosa, ¿entonces quién ha dado clase de inglés? —preguntó Yerak.

—La profesara Mayers, la de siempre —contestó María.

—Los demás compañeros deben haber flipado —dijo Kanae.

—Lo cierto es que no, parecía como si encontraran normal que estuviera allí. Nadie parecía recordar a Rening —explicó María. Los gemelos se estremecieron al oírla, Rening cada vez les parecía más peligroso. ¿Había hechizado a toda una clase?

—Oye, ¿vosotros cómo es que estáis aquí? —preguntó de repente Álex.

—Tu padre tenía que hacer un recado en la ciudad y le convencimos para que nos llevara a la biblioteca, que, por cierto, es impresionante. Así os podíamos ver antes —explicó Kanae.

—Vaya, no sabía que papá tuviera que venir hoy, creí que nos recogería mi madre —dijo extrañada María.

—Lo que es raro es que no esté aquí, siempre es muy puntual —dijo Álex.

—¡Eh! ¡Mirad! ¿No es mi abuelo? —dijo Yerak señalando un coche que aparcaba cerca—. ¿Qué hace aquí?

—¡Hola abuelo! —saludaron cariñosamente los gemelos.

—¿Ha pasado algo? —preguntó frunciendo el ceño Kanae, su abuelo parecía preocupado.

—Ha habido un cambio repentino de planes. Os llevaré a los cuatro a nuestra casa. Subid al coche —contestó Águila Salvaje.

Por el tono de voz, incluso Álex y María supieron que no debían preguntarle nada más. Obedientemente los cuatro subieron al coche. María miraba de reojo a los gemelos, los dos estaban muy quietos, pero podía ver la inquietud en sus ojos y la tensión en sus hombros. De pronto, un graznido en el maletero, sobresaltó a los niños. Al volverse pudieron ver a Baldric en su jaula, acicalándose las plumas. María se tensó, al ver a Águila Salvaje había temido que algo malo les hubiera sucedido a los padres de los gemelos, pero ¿dónde estaban sus propios padres? ¿Por qué había recogido a Baldric? Al mirar a su hermano, supo que Álex había pensado lo mismo. ¡Ella que estaba tan tranquila habiéndose librado de Rening! Se mordió el labio, ¿y si ahora había ido a por sus padres? No podía ser, era una tontería, ¿qué podía querer de ellos? Miró a su alrededor, sorprendida se dio cuenta de que ya estaban dentro del túnel que conducía al poblado de los maiutacs, suspirando pensó que pronto sabrían lo que ocurría. Contuvo una sonrisa al ver que todos se relajaban un poco, allí se sentían a salvo. Águila Salvaje condujo hasta llegar delante de su casa; bajaron del coche y entraron dentro. Los cuatro niños se sentaron en el sofá alrededor de la chimenea sabiendo que Águila Salvaje les explicaría lo que estaba pasando. El hombre dio varias vueltas alrededor de la sala, de vez en cuando se paraba delante de algún tapiz y se quedaba contemplándolo pensativo. Por fin suspirando se sentó frente a los niños.

—Lo cierto es que no sé cómo contaros lo sucedido, así que os lo diré tal cual, lo siento pero han secuestrado a vuestros padres, a los cuatro —añadió el anciano para evitar cualquier duda.

Capítulo 8:

La tumba sagrada

Los cuatro niños empezaron a hablar atropelladamente. Le preguntaban qué había pasado; los gemelos gritaban que era imposible, que sus padres eran unos brujos muy poderosos. Águila Salvaje intentó tranquilizarlos, hasta que de pronto Álex empezó a llorar.

—Es culpa mía, es culpa mía —repetía el niño sin dejar de sollozar.

—Álex tranquilo —dijo María—, tú no tienes la culpa.

—Sí, les ha cogido por nosotros, porque no nos encuentra por mi hechizo, ¿es qué no lo ves? —gritó el niño.

—¿De qué estás hablando Álex? —preguntó Águila Salvaje.

—Bueno, esto, nuestro profesor Rening, él les ha cogido, estoy seguro, sabe hacer magia y como nos hemos escondido de él... —empezó a explicar Álex entre sollozos.

—Un momento, un momento, me parece que será mejor que empecéis por el principio —interrumpió el anciano—. Respirad profundamente y calmaos, si hay un brujo implicado en todo esto, necesito que me contéis lo que sabéis sin omitir ningún detalle, por insignificante que os pueda parecer.

Los chicos asintieron. Respiraron varias veces como les había dicho Águila Salvaje y se tranquilizaron un poco. Le explicaron lo que les había pasado desde que Álex y María encontraron las botellas, a pesar de que esa parte ya la conocía. Luego le contaron que Álex sin querer había hecho magia en la piscina el día antes de empezar las clases. También le explicaron que el primer día del colegio, el profesor Rening se había presentado como el profesor del curso de Álex y que desde ese momento, había estado acechando al muchacho. Le contaron como Álex por casualidad, había vuelto a hacer magia ocultándose de Rening. Esta parte pareció interesarle mucho al abuelo, que pidió que le recitara el hechizo con las palabras exactas que había usado. Álex no pudo evitar una sonrisa al recordar que Yerak le había pedido lo mismo. Después le contaron que al día siguiente el profesor Rening ya no estaba en el colegio y que se había presentado como profesor de inglés en el instituto, por lo que los gemelos y María eran ahora sus alumnos.

Águila Salvaje les pidió que pararan un momento porqué necesitaba pensar. Al cabo de unos minutos les pidió que prosiguieran. Los chicos continuaron relatándole todo lo que había ocurrido, incluyendo el incidente del lince y el enfrentamiento de los gemelos con el profesor Rening, al oírlo, el anciano palideció un poco, pero les animó a que siguieran hablando. Por fin llegaron a la noche anterior cuando se habían dado cuenta de que Álex se había ocultado de Rening y los demás decidieron copiar su hechizo. Le explicaron que estaban seguros de que había funcionado porque por la mañana Rening ya no estaba en el instituto. Después había llegado él a recogerlos y los niños supieron que algo malo había pasado. Cuando terminaron, Águila Salvaje permaneció otro rato en silencio asimilando lo que los niños le habían contado.

—Por eso he dicho que era culpa mí —murmuró Álex compungido, sacando a Águila Salvaje de sus pensamientos—. Ha secuestrado a nuestros padres porque no puede vernos.

—Álex, no ha sido por tu culpa, de hecho debo estarte muy agradecido, porqué has salvado a todos con tu hechizo, y a ti también debo darte las gracias María, si no hubieras interrumpido a Rening, mis nietos hubieran necesitado algo más que un poco de descanso. Estoy muy orgulloso de vosotros, los cuatro habéis sido muy valientes —dijo Águila Salvaje.

—Él los ha cogido, ¿verdad? —murmuró Kanae cabizbaja. Estaba intentando no llorar, pero las lágrimas se agolpaban en sus ojos.

—Probablemente —contestó su abuelo—. Pero no os preocupéis, voy a reunir al consejo, este asunto os supera niños, ahora nos encargaremos nosotros. Por lo que me habéis explicado, es fácil deducir que las intenciones de Rening no son buenas, debemos detenerle y rescatar a vuestros padres.

Los cuatro muchachos asintieron cabizbajos, estaban muy asustados pero les tranquilizaba saber que Águila Salvaje se haría cargo de la situación aunque los cuatro sentían que ellos también deberían actuar.

—En la nevera hay algo de comida, coged un poco y dad una vuelta, el aire fresco os sentará bien —les dijo Águila Salvaje.

—Pero nosotros queremos ayudar —protestó Yerak.

—Sí, ya lo ha visto señor, sabemos mucho sobre Rening, podemos ser útiles —añadió María.

—Lo sé, pero ya habéis ayudado bastante contándome todo lo ocurrido. Ahora debéis descansar. Como os he dicho este asunto es demasiado para vosotros —dijo Águila Salvaje—. Y sí, Rening es un brujo poderoso —añadió para que no les quedara ninguna duda—. Es una verdadera amenaza para nuestro pueblo, por eso ahora es asunto del consejo y no de cuatro niños, por muy valientes que sean.

Águila Salvaje se marchó y los niños siguieron su consejo. María y Yerak prepararon unos bocadillos mientras Álex y Kanae recogían las mochilas. Salieron sin rumbo fijo y casi sin darse cuenta acabaron llegando a la orilla del lago. Se sentaron y se comieron los bocadillos aunque no tenían mucha hambre. Ninguno habló demasiado, estaban muy preocupados por sus padres, a pesar de sentirse más tranquilos sabiendo que el consejo de los brujos iba a hacerse cargo de la situación. Aun así, no podían quitarse de encima la sensación de que debían hacer algo por ayudarles, pero como no sabían que hacer, se sentían impotentes. Resultaba frustrante pensar que les habían excluido de todo, tan solo porque eran unos niños. Ellos habían aprendido mucho en muy poco tiempo y conocían mucho mejor a Rening que cualquier otro, aunque no supieran que es lo que pretendía. Al terminar de comer se sintieron algo mejor y más fuertes, pero igual de inquietos. Se tumbaron un rato dejando que el sol les reconfortara. Se disponían a volver cuando Álex les detuvo.

—¿Os acordáis del otro día? —dijo Álex.

—No sé, ¿qué día? —preguntó María desconcertada.

—Sí, ya sé a qué día te refieres, dijiste que la cascada brillaba —dijo Kanae acordándose de repente.

—Sí, es verdad, pero ¿qué creéis que significa? – Preguntó María.

—¿Y si lo averiguamos? —propuso Yerak, necesitaba despejarse un poco más y le pareció una buena idea investigarlo. No tenía muchas ganas de volver a casa—. Creo que hay un sendero que lleva al pie de la cascada, pero debemos ir con cuidado de no resbalar, puede ser un poco peligroso.

—No más que enfrentarnos a Rening, ¡vamos! —dijo Kanae, había estado todo el día muy quieta para su gusto y como su hermano necesitaba mantenerse ocupada y hacer algo de ejercicio.

Los cuatro niños se dirigieron hacia la cascada. Por suerte, Yerak encontró el sendero y los demás le siguieron. Cuando empezaron a estar cerca de la cascada, el suelo se volvió resbaladizo y el ruido cada vez era más atronador. No tardaron en tener que gritar para poder oírse, aún así, siguieron adelante. Caminaban despacio teniendo cuidado de dónde ponían los pies para evitar caerse. Estaban tan concentrados vigilando el camino que casi se meten en la cascada sin darse cuenta. Miraron a su alrededor en busca de alguna señal, pero la cascada no brillaba ni veían nada que les llamara la atención.

De pronto Álex agarró a su hermana del brazo y le señaló la cascada, parecía querer explicarle algo, pero con tanto ruido no era capaz de oírle. El muchacho al darse cuenta de que no le oía, avisó a Yerak y a Kanae tocándoles el hombro y por señas les indicó que le siguieran. Yerak quiso protestar porque era muy arriesgado, pero antes de que pudiera detenerle, Álex echó andar decidido. El niño les estaba llevando hacia la cascada como si quisiera cruzarla y entrar en la montaña, Yerak les gritó que pararan, pero vio que era inútil. Sus amigos no le oían así que apretó los dientes y continuó detrás de ellos preparado para sujetarlos si se caían. Cuando Álex se paró, los demás se apretujaron contra él. Los cuatro se quedaron con la boca abierta, la cascada estaba haciendo un túnel, como si quisiera dejarlos pasar. Alucinando cruzaron por el espacio que había quedado libre de agua y se encontraron en una pequeña sala. Se dieron la vuelta y vieron que la cascada había vuelto a cerrarse. Se miraron sorprendidos, ahora podían hablar porque el ruido de la cascada se oía débilmente, como si estuviera amortiguado.

Decidieron inspeccionar la sala. Las paredes estaban totalmente secas a pesar de que la cascada salpicaba con fuerza la roca, era como si toda la habitación estuviera aislada del exterior por algún sortilegio. En un lado de la cueva había un pasillo que parecía adentrarse en la montaña, los muchachos se miraron y decidieron seguirlo. Caminaron en fila india por el estrecho pasillo que se alejaba cada vez más de la cascada. Ahora no se oía el más leve ruido, tan solo sus pasos. Álex no pudo evitar estremecerse, estaba un poco asustado, pero siguió a Yerak que se había puesto en cabeza. Después de caminar durante lo que les pareció una eternidad, vieron que hacia el fondo del pasillo había luz y apretaron el paso. Al salir se quedaron un momento deslumbrados después de haber estado tanto rato a oscuras.

Tardaron un momento en procesar lo que estaban viendo. Habían llegado a lo que parecía un pequeño jardín, más exuberante incluso que el túnel por donde se entraba a su poblado. El sol iluminaba la estancia desde arriba, donde parecía que no hubiera techo. Buganvilias, rosas, tulipanes y otras flores exóticas crecían por doquier. En un lado del jardín exuberantes árboles tropicales formaban un pequeño bosque, del que surgían diversos cantos de aves, la mayoría de los cuales no pudieron reconocer. Un hermoso guacamayo les sobrevoló y volvió a su nido despreocupado, como si hubiera considerado que no eran una amenaza para su hogar. Miraran donde miraran todo era hermoso, lleno de colores vivos y luminosos, más de lo que nunca habían visto en ningún otro lugar. En el centro del jardín, un gran olmo daba sombra a lo que parecía una tumba. Yerak y Kanae corrieron hacia la tumba excitados. Álex y María por su parte no dejaban de admirar todo el lugar.

—¡Hemos encontrado la tumba de Maiuté! —exclamó Yerak.

—¡Es increíble! —gritó Kanae. Los gemelos habían crecido escuchando historias sobre el gran brujo toda su vida.

—Escuchad una cosa, ¿no estamos debajo de la montaña? —preguntó María frunciendo el ceño, la tumba de Maiuté no le llamaba tanto la atención como a los gemelos.

—Sí, claro que sí —dijo Yerak—. ¿Por qué lo preguntas?

—Porque deberíamos haber visto esa obertura el otro día cuando cruzamos el río con nuestros padres, ¿no? Es bastante grande —explicó María.

—Sí, es verdad —dijo Kanae mirando hacia arriba—, pero no he oído hablar a nadie de este lugar, ni tampoco conozco a nadie que se haya metido debajo de la cascada.

—Uf —resopló Álex indignado, los demás se volvieron hacia él sorprendidos—, estáis olvidando lo más obvio.

—¿Qué? —preguntaron al unísono.

—Magia —respondió sencillamente el muchacho. Sus amigos se echaron a reír.

—Vale —dijo Yerak sonriendo todavía—, lo que no entiendo es por qué nadie lo ha encontrado antes.

—Quizá no se haya mostrado nunca —sugirió Kanae.

—No te sigo —dijo su hermano.

—Veréis, siempre me han gustado los cuentos que explica el abuelo y a excepción de cuando nuestro poblado se fundó, no hay historias que digan que hayamos estado en peligro, entonces, ¿para qué mostrarse? —explicó Kanae.

—En cambio ahora está claro que Rening es una amenaza para todos nosotros —dijo María—. ¿Creéis que habrá algo aquí que pueda ayudarnos?

—Podría ser —dijo Yerak—. Venid a ver la tumba.

Los cuatro se acercaron prudentemente hasta el olmo que custodiaba la tumba sagrada. Se quedaron de piedra al ver que no era tierra lo que la cubría sino una capa de piedras preciosas semitransparentes que dejaban entrever al gran brujo. A pesar de que hacía cientos de años que había muerto, su cuerpo seguía impoluto, como si se hubiera acostado momentos antes y estuviera durmiendo.

Los cuatro muchachos se sentaron a su alrededor, sin saber muy bien porqué. Durante un rato lo contemplaron extasiados. De pronto, la tumba empezó a brillar intensamente. Por un instante quedaron cegados, luego todo se aclaró. Delante de ellos el espíritu del gran Maiuté flotaba sonriéndoles. No articuló palabra, pero cada uno de ellos escuchó sus palabras en su interior.

—Habéis venido a mí, pequeños brujos, en un momento de necesidad —les dijo—. Pero poco puedo hacer ya por vosotros salvo ofreceros un pequeño regalo. Cuando creáis que vuestra magia no es suficiente, cuando os sintáis desfallecer, usadlas.

Hubo un gran resplandor y el espíritu de Maiuté desapareció. En el suelo, a los pies de la tumba del gran brujo, cuatro pequeñas canicas doradas relucían tenuemente. Cada uno de ellos cogió una bola. Estaban calientes al tacto y con sólo tocarlas se sintieron mucho más poderosos. Álex se mareó y tuvo que volver a sentarse.

—Son, son increíbles —balbuceó Álex todavía mareado.

—Sí, tengo la sensación de que si las usáramos no habría hechizo que se nos resistiera —añadió Kanae.

—Demasiado peligrosas —dijo Yerak. Los demás se volvieron hacia él—. Si caen en manos de Rening, sería peor que si nos cogiera nuestras botellas. Sería terriblemente poderoso.

—Tienes razón —murmuró María preocupada—. Además esto no nos ayuda.

—¿Cómo qué no? —dijo Kanae—. Si nos enfrentamos a Rening con estas esferas seríamos lo suficientemente poderosos como para derrotarle.

—Genial pero, ¿dónde está?, ¿cómo lo encontramos?, ¿dónde tiene a nuestros padres? Creo que antes de pensar en enfrentarnos a él, deberíamos poder responder a estas preguntas —dijo María.

—Vale, estoy de acuerdo, pero creo que las esferas nos ayudaran a vencerle, aunque no sé cómo —dijo Kanae.

—Bueno, digamos que Maiuté nos ha dado la fuerza para derrotarlo, ahora nos toca a nosotros hacer el trabajo, tenemos que buscarle y enfrentarnos a él —dijo Álex como si fuera la cosa más sencilla del mundo.

—Dejadme pensar un momento —pidió Yerak, empezando a dar vueltas alrededor de la tumba.

—Parece vuestro abuelo —susurró Álex a Kanae.

—¡El abuelo! —dijo de pronto Yerak, que le había oído—. Vayamos a contárselo, él sabrá que hacer. El conoce muchos hechizos, seguro que alguno podrá servirnos para encontrar a nuestros padres y a Rening.

—¿Crees que nos va a dejar intervenir? —preguntó recelosa Kanae.

—Bueno, no tiene más remedio, el mismísimo Maiuté nos ha dado estas esferas, es como si nos estuviera diciendo que somos nosotros quienes debemos detener a Rening. No podrá negarse —explicó Yerak.

—Está bien, vayamos a verle —asintió Kanae.

—Esperad un momento, ¿qué pasará con este lugar? —preguntó María.

—Maiuté ha dicho que habíamos llegado a él en un momento de necesidad, quizá se cierre y no se vuelva abrir hasta que alguien lo necesite —sugirió Álex.

—Como siempre chaval, la has clavado —dijo Yerak sonriendo—. Anda vámonos, daos prisa, quiero hablar con el abuelo cuanto antes.

Los cuatro amigos abandonaron el jardín y volvieron sobre sus pasos. En cuanto llegaron a la cascada, el túnel que se había abierto al entrar, volvió a aparecer, permitiéndoles salir. Una vez fuera, se cerró. Álex quiso comprobar si se volvería a abrir, pero aunque se acercó tanto como pudo, tanto que los demás tuvieron que sujetarle para que el agua no le arrastrara, la cascada permaneció igual que siempre como si nunca hubiera existido un pasadizo. Se encogió de hombros y siguió a sus amigos.

Cuando llegaron a casa de los gemelos, ya anochecía. Entraron corriendo buscando a su abuelo, pero todavía no había llegado. Estuvieron esperando durante un par de horas, pero cuando el sueño empezó a vencerles, decidieron acostarse. Kanae dejó una nota a su abuelo pidiéndole que los despertara porque tenían que hablar con él. Se acostaron pensando, como empezaba a ser habitual, que con tantas emociones y tantas cosas en que pensar no podrían pegar ojo. Como siempre, se quedaron dormidos casi antes de tocar la almohada.

María se despertó al notar el sol en su cara. Se desperezó, se sentía descansada y mucho más tranquila que la noche anterior. Miró a su alrededor, Kanae dormía a pierna suelta. Estuvo tentada de volver a dormir un rato más, pero entonces se acordó de todo, de sus padres, de Maiuté y de que querían hablar con el abuelo de los gemelos. Esperaba que Kanae o su hermano le hubieran visto.

—Kanae, despierta, ya es de día —dijo María sacudiendo un poco a su amiga.

—¿Qué, qué pasa? —murmuró somnolienta Kanae.

—¿Has hablado con tu abuelo? —preguntó María nerviosa, sin darle tiempo a despertarse del todo.

—¿Qué? —se sobresaltó Kanae—, no, no me ha despertado, vamos a ver a los chicos, quizá haya hablado con ellos.

Las dos chicas fueron corriendo a despertar a Yerak. En cuanto entraron en la habitación Álex se despertó de golpe y frunció el ceño al ver que era de día, pero Yerak continuó durmiendo a pierna suelta, como de costumbre. A pesar de la situación María no pudo evitar sonreír al pensar que Yerak parecía una marmota, casi le sabía mal despertarle, pero tenían que preguntarle si había visto a Águila Salvaje.

—Yerak, despierta, vamos dormilón que ya es de día —dijo su hermana zarandeándolo—. ¿Has visto al abuelo?

—No, no, ¿tampoco ha hablado contigo? —preguntó Yerak despertándose de golpe.

—Vamos a su habitación —dijo Kanae.

—Va enfadarse con nosotros —replicó Yerak.

—Me da igual, esto es demasiado gordo —dijo Kanae decidida.

Los cuatro fueron juntos a despertar a su abuelo. Álex y María estaban un poco preocupados, no querían que se enfadara con ellos, pero siguieron a sus amigos, aunque se quedaron atrás sin llegar a entrar en la habitación, por respeto.

—¡No está! —gritó Kanae—. Ni siquiera ha dormido aquí. ¿Qué diablos está pasando?

—Quizá hayan encontrado a nuestros padres y hayan ido a rescatarlos —dijo esperanzada María. Los gemelos se miraron pensativos.

—En ese caso el abuelo nos habrá dejado una nota en la cocina, vayamos a ver —dijo Kanae.

Los cuatro bajaron corriendo las escaleras y al llegar a la cocina encontraron la ansiada nota sobre la encimera de madera. Yerak la cogió y la empezó a leer. Por su expresión dedujeron que no decía lo que esperaban; se la pasó a los demás decepcionado. Su abuelo tan sólo les decía que estaría fuera todo el día, que les había dejado la comida y la cena preparadas y que si necesitaban ayuda, fueran a ver a su vecina. Volvió a recordarles que ellos no debían intervenir en este asunto, que lo dejaran en sus manos. Álex pensó que Águila Salvaje conocía muy bien a sus nietos.

—Eso no quiere decir que no sepan nada de nuestros padres, ¿no— murmuró Álex compungido.

—Supongo —contestó Kanae abrazando al pequeño—, no te preocupes Álex, verás cómo todo se arregla.

—Volvamos a la cueva —sugirió María.

—¿Para qué? —preguntó Yerak, parecía enfadado consigo mismo—. ¿De qué servirá?

—Bueno, como dijo Álex, probablemente volverá a estar ahí abierta cuando alguien lo necesite y desde luego, nos hace falta una mano, una muy grande, y no creo que vuestra vecina pueda ayudarnos —explicó María.

—No nos dejará pasar otra vez —dijo convencido Álex.

—¿Por qué no?, no seas pesimista. Seguro que puede ayudarnos, él es el gran brujo, ¿no? —dijo María.

—Maiuté dijo claramente que poco podía hacer por nosotros salvo darnos las esferas —explicó su hermano—. No volverá a abrirse el camino hacia su tumba.

—Pero nosotros solos no sabemos que hacer, no podemos rescatar a nuestros padres y Rening… —María, con lágrimas en los ojos, no pudo terminar la frase.

La muchacha se sentó en el banco de la cocina tapándose la cara con las manos, no quería que la vieran llorar, sobre todo su hermano, pero estaba muy asustada. Yerak se sentó junto a ella y la rodeó con los brazos dejando que llorara en sus hombros. Todos se sentían igual, asustados y perdidos. Sabían que su abuelo trataría de solucionarlo, pero no les resultaba fácil estar ahí sentados todo el día sin saber que hacer, esperando que aparecieran sus padres de repente o que volviera Águila Salvaje sin haberles encontrado. Además seguían teniendo la sensación de que eran ellos los que debían encontrar a Rening y les asustaba pensar que si no hacían algo no volverían a verles.

    Kanae sostenía la nota de su abuelo como si pudiera decirle algo más, como si al sujetarla durante todo el rato al final pondría lo que ella quería leer, que sus padres estaban a salvo, que todo había terminado. Nerviosa, empezó a dar vueltas por la cocina, se sentía como una niña pequeña incapaz de hacer otra cosa que esperar a que los mayores lo resolvieran todo. Esa sensación empezaba a enfurecerla, resultaba frustrante que el gran Maiuté les hubiera dado las esferas, para quedarse mirándolas en la cocina de su casa sin saber qué hacer. Álex miraba a su amiga como si pudiera saber lo que estaba pensando y se sintiera igual. El muchacho, que se había sentado abatido al leer la nota de Águila Salvaje, se levantó de repente.

    —Una cosa, Maiuté nos dio las esferas diciendo que nos ayudarían, ¿no es cierto? —dijo Álex. Al ver nadie le interrumpía, siguió hablando—. Creo que él considera que nosotros debemos solucionar este follón.

    —¿Nosotros, cómo? —preguntó Yerak—. No sabemos qué hacer, ni siquiera sabemos dónde ha ido mi abuelo.

    —Bueno, ¿no conocéis algunos hechizos que pudieran sernos útiles? —preguntó Álex—. Aunque necesitemos más magia de la que en principio podríamos hacer, eso no es un problema, tenemos la ayuda extra —añadió mostrando su esfera que se había vuelto azul como su botella.

    —Con los hechizos que conocemos poco podríamos hacer. Son conjuros muy básicos, demasiado sencillos, no servirán para encontrar a nuestros padres, ni para derrotar a Rening. Los hechizos que pides están fuera de nuestro alcance, estás hablando de magia muy avanzada, sólo los mayores llegan a ese nivel y no todos son capaces de llevarlos a cabo —respondió Kanae.

    —Maiuté nos dio las esferas para que hiciéramos algo y si la tumba sagrada no se va a volver a abrir, entonces debemos actuar por nuestra cuenta. Aunque creas que esos hechizos son demasiado potentes para nosotros, debemos intentarlo, sino, ¿para qué nos dio Maiuté estas esferas? —dijo Álex.

—Mi hermano tiene razón —dijo María levantándose, se había enjugado las lágrimas y parecía mucho más tranquila. Sacó su esfera que se había vuelto blanca como su botella—. Mirad, es como mi botella, igual que la de Álex se ha vuelto azul como su botella, ¿no lo entendéis? —la miraron sin comprender—. Creo que Maiuté dejó estas botellas a nuestro alcance y que fue él quien hizo que Yerak y yo tuviéramos el mismo sueño, para que supiéramos que podíamos confiar el uno en el otro. Él nos escogió y ahora nos toca actuar. ¿No recordáis la historia que nos contó la Donae? Hablaba de una amenaza externa y está claro que esa amenaza es Rening, pero también habló de que llegaría ayuda desde el exterior y creo que somos nosotros.

—Vaya, gracias por contar con nosotros —dijo Yerak ofendido.

—No seas burro, hablo de los cuatro, está claro que ahora vosotros también estáis en el exterior, ¿no? Nunca antes había salido nadie de vuestro hogar para ir al colegio —replicó María exasperada.

—De acuerdo, tienes razón, no te enfades —dijo Kanae, tranquilizando a su amiga—. Pero continúo diciendo que sin conocer hechizos más poderosos que los que sabemos, no podremos hacer nada contra Rening, no creo que ni siquiera pudiéramos encontrarle.

—Bueno, pues de alguna forma debemos encontrar la manera de localizarle y derrotarle, porque estoy convencida de que somos nosotros cuatro los que debemos enfrentarnos a él, tenemos las botellas y Maiuté nos ha dado las esferas, está claro que ahora nos toca a nosotros —insistió María.

Capítulo 9:

El libro Isinié

Ante las palabras de María los cuatro amigos se quedaron reflexionando un rato. Aunque todos estaban de acuerdo con la muchacha, no encontraban la forma de poder hacer algo. Resultaba frustrante ser consciente de que ellos eran la solución y a la vez no saber qué hacer. Colgando de su cuello notaban el cálido tacto de sus botellas y en sus bolsillos descansaban las esferas, de cuyo poder eran conscientes incluso sin tocarlas. A pesar de que con la ayuda de Maiuté ahora eran capaces de hacer magia más potente, carecían de conocimientos, no conocían ningún hechizo que pudiera servir para ayudarles. Yerak estaba pensando acerca de todo esto cuando de repente salió corriendo. Estaba tan emocionado que salió disparado sin decir nada a sus amigos. Los demás le siguieron sin saber que estaba haciendo. En cuanto llegó al sótano el muchacho se puso a palpar las paredes del cuarto.

—¿Qué buscas? —preguntó su hermana mirándolo como si se hubiera vuelto loco.

—Sé que papá y el abuelo bajan aquí a veces cuando tienen reunión del consejo y he visto que se llevan un libro —respondió Yerak sin dejar de palpar las paredes.

—¿Crees que es el libro? —preguntó Kanae emocionada.

—¿De qué estáis hablando? —preguntó María que también miraba a Yerak como si hubiera perdido la chaveta.

—Una vez oímos sin querer a nuestros padres hablando sobre un libro antiguo, le llamaron Isinié —explicó Kanae, Álex y María no pudieron evitar sonreír al pensar la de veces que ellos también habían oído sin querer conversaciones de sus padres—. Contiene los hechizos más poderosos que nuestro pueblo conoce, seguro que en ese libro encontraríamos hechizos que puedan ayudarnos a encontrar a nuestros padres e incluso a derrotar a Rening. ¿Crees que lo tienen guardado por aquí? —

preguntó a su hermano volviéndose hacia él que continuaba buscando.

—Sí, estoy seguro, aunque ya he inspeccionado el sótano más de una vez y no he encontrado nada interesante. De pronto se me ha ocurrido que quizá lo tenían escondido en alguna trampilla o alguna caja fuerte, pero no encuentro nada —explicó Yerak que ahora golpeaba otra pared, para ver si sonaba a hueco.

—Entonces, si ese libro es tan importante, quizá se lo haya llevado vuestro abuelo, puede que el consejo lo necesite —dijo apesadumbrado Álex.

—Merece la pena intentarlo, si lo encontramos seguro que alguno de los hechizos que contiene nos serán de utilidad —dijo Yerak jadeando mientras apartaba una pesada caja.

Detrás de la caja encontró una trampilla. Los cuatro se apiñaron alrededor, mirándola emocionados. Yerak dio con un resorte escondido en el suelo y al apretarlo, la trampilla se abrió. Dentro había algo que, por su tamaño y su forma, podía ser el libro. Estaba envuelto en un hermoso pañuelo rojo con bordados dorados. Kanae lo cogió con mucho cuidado sin atreverse a desenvolverlo.

—Subamos arriba —sugirió la muchacha temblorosa.

Se sentaron en el sofá alrededor de la chimenea y apoyaron el objeto en la mesita de café. Kanae quitó el pañuelo despacio, dejando ver un hermoso libro que tenía las tapas del mismo color que el pañuelo que lo envolvía, aunque las portadas tenían un color algo más pálido, como desgastado por el tiempo, lo que les hizo pensar que debía ser un libro antiquísimo, quizá escrito por el propio Maiuté. En el centro había escritas unas extrañas palabras que Álex y María no entendieron.

—Yerak, es el libro, esto puede ayudarnos —dijo Kanae emocionada.

—¿Estáis seguros? —preguntó dudando Álex.

—Sí, ¿ves estas letras?, es el alfabeto antiguo, están escritas en maiutac, aquí pone: El libro de la magia de Maiuté —explicó Yerak.

—Lo malo es que es muy grueso —dijo Kanae preocupada, ojeando las hojas al azar—. Además parecen hechizos muy complicados, difíciles de entender y de realizar, ¿cómo vamos a encontrar un hechizo que nos pueda ayudar? Podríamos tardar semanas, quizás meses antes de que descifráramos cada uno de ellos. No tenemos tanto tiempo, tiene que haber una forma mejor, no podemos empezar a leerlo sin más —añadió Kanae preocupada.

Antes de que nadie pudiera detenerle, Álex se arrodilló ante el libro y sujetando su botella murmuró unas palabras. Los demás no entendieron lo que decía pero el libro se abrió solo y las páginas empezaron a moverse rápidamente hasta que el libro quedó abierto, más o menos hacia la mitad, y un hechizo se iluminó. Superando su sorpresa, Kanae cogió un papel y un lápiz y lo copió. En cuanto terminó de escribir, como si el libro hubiera sabido que la muchacha había acabado de copiarlo, las paginas volvieron a moverse solas y el libro les iluminó otro hechizo. Dando un respingo Kanae lo apuntó corriendo. Tres veces más el libro repitió la operación, cada vez que la muchacha terminaba de copiar el hechizo, las hojas se volvían por arte de magia hasta que se paraban y se iluminaba otro conjuro. Al final Kanae tenía cinco hechizos diferentes.

—Cre–creéis que habrá terminado —dijo Álex tartamudeando, al ver que el libro no volvía a moverse.

—Imagino —contesto Yerak con voz aguda, estaba tan alucinado como Álex.

—Enano —dijo María poniendo su mano sobre el hombro de su hermano—, ¿qué has hecho?

—Bueno, veréis, se me ha ocurrido pedirle al libro que nos mostrara como podíamos encontrar y rescatar a nuestros padres y como podíamos derrotar a Rening —respondió el muchacho con las mejillas ruborizadas.

—Sencillamente brutal —dijo Kanae sonriendo—. Has estado increíble.

—¿Qué es lo que dicen los hechizos? —preguntó Álex ahora colorado del todo.

—Uf, son muy antiguos, cuesta leerlos —respondió Yerak frunciendo el ceño preocupado.

—Pero vosotros conocéis el idioma mágico ¿no? —preguntó María sorprendida.

—Sí, pero este libro es tan viejo, que incluso es diferente del maiuté que ahora hablamos —explicó Kanae—. Mientras copiaba los hechizos me he dado cuenta de que algunas frases me costaba entenderlas y no conocía todas las palabras, pero supongo que podríamos intentar traducirlos, a ver si conseguimos saber que podemos hechizar con ellos

—¿Por qué no os quedáis tú y tu hermana traduciéndolos? Nosotros iremos a preparar el desayuno, mientras tanto —propuso María—. Después de todo, con eso sí que no podemos ayudaros.

—¿Estás segura? —dijo Kanae tímidamente.

—María tiene razón, nos habéis enseñado algo de vuestra lengua, pero ni de lejos podemos leer lo que pone ahí, vosotros dos encargaos de eso, que nosotros nos encargamos del desayuno —dijo Álex.

Los gemelos se quedaron en el salón y María y su hermano fueron a la cocina. Cuando terminaron de preparar el desayuno llamaron a sus amigos. Al ver que no respondían fueron al salón y vieron que estaban inclinados sobre el papel que había escrito Kanae. Habían cogido otro folio donde escribían lo que iban traduciendo; estaban tan concentrados, que decidieron no interrumpirles y se sentaron a su lado. Al cabo de un rato los gemelos se desperezaron y dieron un respingo al darse cuenta de que sus amigos estaban sentados junto a ellos.

—¡Ay! Que susto me habéis dado —dijo Kanae dándole un golpecito en el brazo a María—. No os he oído llegar.

—Ya nos hemos dado cuenta. Estabais tan concentrados que creo que si hubiera estallado una bomba en el salón, ni os hubierais enterado —dijo Álex riéndose.

—¿Ya lo tenéis? —preguntó María—.¿Habéis conseguido traducirlos?

—Sí, creo que sí —respondió Yerak.

—Pues vamos a desayunar y nos los contáis —propuso la muchacha.

Mientras comían los gemelos les explicaron en que consistían los cinco hechizos. Uno de ellos servía para levantar una barrera que les protegería si un brujo intentaba hechizarlos; otro servía para trasladarse mágicamente de un lugar a otro; el tercero era un hechizo de ocultación que les permitiría ser invisibles ante cualquiera, incluso si estaban delante de sus narices; el cuarto era un poderoso hechizo que anulaba la magia de un brujo y el último hechizo servía para localizar un lugar o una persona. Al oírlo, a María y a Álex se les iluminaron los ojos, con ese hechizo podrían encontrar a sus padres.

—Entonces, ¿podemos usarlos? —preguntó Álex tímidamente.

A Álex casi le daba miedo que ahora que veía una esperanza, que sentía que podían hacer algo por rescatar a sus padres, le dijeran que no, que eran demasiado difíciles para ellos.

—Son muy complicados y como estaban en lenguaje antiguo no estamos del todo seguros, pero creemos que los hemos traducido bien —explicó Kanae, Álex cerró los ojos temiendo lo peor—. Pero si nos aprendemos los hechizos originales sin traducir, podremos usarlos y pensamos que funcionarán sin necesidad de usar las esferas, bueno quizá el de la barrera o el de quitar la magia a un brujo sean tan poderosos que sí que harían falta, pero para el resto de conjuros no hace falta magia extra.

—¿Son individuales? —preguntó María.

—¿Qué quieres decir? —dijo Kanae.

—Me refiero a que si por ejemplo uno de nosotros recita el hechizo de ocultación o el de la barrera mágica, quedaremos ocultos o protegidos todos o sólo el que lo haya recitado —aclaró María

—Ya te entiendo, el de ocultación es individual, si queremos escondernos los cuatro, deberemos recitarlo cada uno, pero el de la barrera por ejemplo es colectivo, o mejor dicho de amplio alcance, crea una burbuja de unos tres metros, que protegerá a todo aquel que este dentro —explicó Yerak.

—¿Y el de traslado? —preguntó Álex.

—Es colectivo en cierto modo —dijo Kanae—, si recitas el hechizo de traslado todo aquel que esté tocándote se trasladará contigo.

—¡Entonces si encontramos a nuestros padres podremos trasladarnos todos aquí con sólo tocarlos! —exclamó Álex emocionado.

—Aquí no, la barrera que protege nuestro poblado no lo permitiría, aunque puede que mi padre sí que pudiera porqué es uno de los guardianes de Maiutac, además si ellos están atrapados en una barrera mágica, como mucho podríamos sacarlos de allí moviéndolos unos pocos metros —explicó Kanae.

—No sé cómo los retiene, pero estoy seguro de que no es con magia —dijo Álex—, al menos no con un hechizo permanente.

—¿Cómo puedes saber eso? —preguntó María.

—Por lo que ocurrió con el lince —respondió Álex—. Mirad, me pasó rozando, ya lo sabéis, y estaba sudando a mares. He estado dándole vueltas y creo que le costaba mucho esfuerzo mantener el conjuro. Está claro que puede hacer magia, pero si no pudiese mantener sus hechizos, no le serviría de nada. ¿Por qué si no la hoja de su expediente estaba en blanco?

—Puede que tengas razón, pero si nos quiere porque cree que nosotros podemos hacer que sus hechizos sean permanentes es que conoce la existencia de nuestras botellas y sigo sin entender como lo ha sabido —dijo Yerak.

—A lo mejor no lo sabe —dijo María—. A lo mejor ha usado un hechizo parecido al de localización para encontrar a otros brujos. Como vosotros en Maiutac estáis protegidos por la barrera mágica, los únicos que apareceríamos visibles seríamos nosotros y por eso fue a por Álex. Después al desaparecer de su radar, debió de repetirlo y aparecimos nosotros tres.

—No es una mala teoría, pero ¿por qué ha cogido a nuestros padres? —preguntó Yerak—. A los míos podría usarlos igual que a nosotros o quizá mejor, tienen las botellas y son más poderosos que nosotros.

—Eso si supiera que también son brujos —dijo Álex que veía por dónde iba su hermana—. Estuvo siguiéndonos en la feria, tú mismo lo dijiste. Debió de ver quiénes eran nuestros padres y por eso los ha raptado. Puede que no pudiera volver a hacer ningún hechizo para encontrar a otros brujos porque estaba demasiado agotado y se le ocurrió raptar a nuestros padres para obligarnos a entregarnos.

—No estoy muy seguro, si fuera así, se habría puesto en contacto con nosotros —dijo Yerak.

—Quizá no pueda, Kanae ha dicho antes que la barrera impide que nos traslademos aquí usando magia. Rening no sabe dónde vivís y no tiene forma de comunicarse con nosotros si no puede traspasar la barrera. Estará esperando a que nosotros vayamos a por él —razonó Álex.

—Entonces si los localizamos, será una trampa —dijo Kanae.

—Seguramente —dijo Álex.

—Me da igual, yo voy a ir —dijo María. No pensaba dejar a sus padres en manos de Rening.

—Yo también voy —dijo Yerak.

—¿Y creéis que nosotros no? —dijo Kanae—. Pero debemos trazar un plan.

—Antes deberíamos aprendernos los hechizos de memoria, no me veo enfrentándome a Rening con una chuleta en la mano —dijo Álex.

—Sí, sería un poco patético, además también tenemos que preparar unas mochilas con comida —dijo Yerak.

—¿En un momento así y te preocupas por la comida? —dijo María sin poder creérselo.

—¡Tranquila! No es lo que piensas —dijo Yerak riendo—. ¿Recordáis que os comentamos que si usábamos magia muy poderosa, podíamos gastar la magia de nuestras botellas? Puede que necesitemos reponer fuerzas en el combate, además, a lo mejor mis padres también necesiten comer algo y reponerse, tienen que estar muy débiles, sino, no entiendo como no se han escapado ya.

—Vale, vosotros dos —dijo María señalando a los gemelos—, haced cuatro copias de los hechizos para que podamos memorizarlos y nosotros iremos a preparar la comida.

Álex y María se fueron a la cocina y rebuscaron por los armarios para coger todas las provisiones que pudieran cargar. Mientras, los gemelos hicieron las copias de los hechizos. Cuando terminaron fueron a la cocina, Álex y María continuaban allí, parecía que estuvieran buscando algo que no encontraban.

—¿Habéis perdido algo? —preguntó Yerak extrañado.

—¡Ay! —gritó Álex al golpearse con un estante—. Me habéis asustado. Ay —volvió a gimotear el muchacho frotándose la cabeza—, buscábamos unas bolsas o unas mochilas para meter todo esto.

—Espera, ahora traigo unas —dijo Kanae corriendo hacia las escaleras. No tardó en bajar con cuatro mochilas—. Son las que usamos para ir de excursión con mis padres. Será mejor que repartamos las provisiones en cuatro para que todos tengamos algo por si acaso. ¿Habéis encontrado chocolate? Va genial para reponer fuerzas rápidamente.

—Sí —contestó María—, y también he cogido unas bolsas de frutos secos.

María les pasó las bolsas de frutos secos y el resto de provisiones e hicieron cuatro paquetes que metieron en las mochilas. Después de haberlo guardado todo, los gemelos les dieron las copias de los hechizos y los cuatro se sentaron a memorizarlos. Álex y María releyeron varias veces los hechizos poniendo cara de no entender demasiado lo que estaban leyendo.

—¿Cómo, cómo se pronuncia esto? —preguntó avergonzado Álex.

—¡Uy! Perdona, no había pensado en eso —dijo Kanae mordiéndose el labio—. Espera, me sentaré con vosotros y os los iré leyendo.

Durante un buen rato estuvieron estudiando los conjuros. Después de leérselos varias veces, Kanae hizo que Álex y María los fueran repitiendo y les corregía cuando pronunciaban mal alguna palabra.

—Esto es más difícil de lo que imaginaba —resopló Álex tumbándose en el sofá.

—No hay margen para el error —explicó Yerak—. Si te equivocas en la pronunciación podrías decir otra cosa y acabar muerto o peor.

—¿Peor que muerto? —preguntó Álex enarcando una ceja.

—No preguntes —dijo Kanae—. Y no te preocupes, los pronuncias bien. ¿Cómo lo lleváis?

—Creo que lo tengo —dijo María.

—Yo también —contestó Yerak.

—Vale, ahora que nos los hemos aprendido, ¿a alguien se le ocurre alguna idea? —preguntó Álex.

—Lo primero, está claro, es localizar a nuestros padres —dijo Kanae.

—Mmm —asintió Yerak pensativo—, podríamos intentar trasladarnos hasta allí, pero antes nos ocultamos, para que cuando lleguemos Rening no nos vea. Luego ya veremos, dependerá de lo que encontremos o de lo que Rening haya preparado.

—Sí, pero nuestra prioridad sería rescatar a nuestros padres. Si alguno ve la oportunidad de acercarse lo suficiente para tocarles, que lo haga y se traslade a donde sea con tal de que los saque de allí. Los demás ya nos espabilaremos —recalcó María.

—¡Esperad! —gritó Álex de repente—. Si nos ocultamos, no podremos vernos entre nosotros y si Rening está cerca, tampoco podremos hablar.

—Vaya, no había pensado en eso —dijo Kanae cabizbaja.

—¿Podemos modificar un hechizo? —preguntó María.

—¿Modificarlo? ¿A qué te refieres? —preguntó a su vez Yerak.

—¿Os acordáis del hechizo para ocultar las botellas? —dijo María—. Cuando lo hicimos, especificamos que queríamos que nadie las pudiera ver excepto nosotros y vuestro pueblo, podríamos hacer lo mismo con este hechizo, así podríamos vernos.

—La idea es buena, pero no sé si podremos, cambiar un hechizo o incluso crearlo en nuestra lengua es fácil, pero en maiuté es más complicado —dijo Yerak.

—María tiene razón, debemos intentarlo, sino será como si cada uno de nosotros fuese solo a enfrentarse a Rening y sería una locura, juntos tenemos una posibilidad, pero por separado no creo que lo lográramos —dijo Kanae.

—Mmm, de acuerdo —aceptó Yerak—. Vamos a intentarlo. Kanae, ven siéntate conmigo, que dos cabezas piensan mejor que una.

Los dos hermanos se pusieron a trabajar con el hechizo. Estuvieron mucho rato dándole vueltas y refunfuñando hasta que finalmente lo dieron por bueno. Los cuatro amigos se miraron, estaban asustados pero decidieron continuar, volvieron a memorizar el hechizo con las modificaciones que habían introducido los gemelos.

Repasaron varias veces el plan, volvieron a repetir todos los hechizos para comprobar que no tenían ninguna duda y se miraron. Los cuatro estaban asustados ante la idea de enfrentarse a Rening, pero se daban cuenta de que no podían hacer otra cosa. Además, aunque lo repasaran una y otra vez, aunque repitieran los hechizos hasta la saciedad, no estarían mejor preparados de lo que ya estaban.

Decidieron volver a guardar el libro Isinié en su sitio, escondido en la trampilla, para evitar que alguien lo encontrara por casualidad. Dejaron una nota a Águila Salvaje explicándole lo que pretendían hacer y también le contaron su descubrimiento de la tumba de Maiuté y las esferas que les había entregado. Sabían que se ganarían una monumental bronca del anciano por irse sin permiso y actuar por su cuenta, pero merecía la pena si con eso rescataban a sus padres.

Tuvieron que caminar un buen rato hasta que llegaron al final del túnel de buganvilias. Kanae calculó que a partir de ahí estaban fuera de la barrera de protección y que podrían trasladarse. Conscientes del peligro al que se enfrentaban, se miraron una vez más y con un mudo asentimiento decidieron que era el momento de actuar. Pronunciaron el hechizo de ocultación y sintieron un hormigueo en la nuca. A parte de eso, no notaron ningún cambio, por un instante dudaron de si habría funcionado, pero como no tenían forma de estar seguros, siguieron adelante con su plan. Sin mediar palabra se cogieron de las manos y Kanae pronunció el hechizo de traslado pidiendo que les llevara tan cerca de Rening como fuera posible. Se produjo un resplandor y desaparecieron.

Capítulo 10:

Al rescate

Aparecieron en un claro situado en una ladera, rodeados de árboles. Miraron alrededor, pero ninguno de los cuatro reconoció el lugar y tampoco vieron ni rastro de Rening o de cualquier otra persona. En el claro reinaba un extraño silencio, como si ni siquiera hubiera animales en aquella colina. Buscaron refugio entre los altos árboles para evitar ser vistos y poder hablar con tranquilidad.

—Qué extraño, no veo a Rening por ninguna parte —murmuró Yerak preocupado—. No se oye un alma, ¿no hay mucho silencio?

—Un poco, pero puede que hayamos asustado a los animales con nuestra aparición, recuerda que ellos perciben la magia mucho mejor que nosotros —contestó Kanae.

—Bueno, sea como fuere, será mejor que inspeccionemos la zona, quizá estemos cerca de Rening. —propuso María.

—De acuerdo, pero debemos ir con cuidado, probablemente esté escondido y seguramente nos estará esperando —contestó Yerak empezando a subir hacia lo alto de la colina.

—Escuchad —dijo Álex de repente, deteniendo a Yerak—, ya sé que no es el momento y todo eso, pero ¿qué habéis querido decir antes con lo de peor que muerto?

—Era una broma enano —dijo María exasperada.

—No, no era ninguna broma —dijo Yerak.

—Ahora no Yerak, por favor, vas a asustarlos —suplicó Kanae, aunque al ver la cara de preocupación de sus dos amigos, supo que debían contárselo.

—En primer lugar debéis saber que nunca hemos conocido a nadie que le haya pasado, o sea, que no debe ser fácil que ocurra, pero mi abuelo me contó que si te equivocas al pronunciar un hechizo en lengua Maiuté las consecuencias pueden ser terribles, puedes morir o puedes quedar encerrado en el limbo, un lugar en el que deambulas sin poder hacer nada, no estás muerto, pero tampoco estas vivo —explicó Yerak.

Álex tragó saliva y miró a su hermana, que estaba tan asustada como él. Se cogieron de las manos como si quisieran darse ánimos el uno al otro. Permanecieron agarrados durante un momento y luego con un fuerte apretón se soltaron. A pesar del miedo, estaban decididos a continuar.

—Vamos, será mejor que echemos un vistazo —dijo Álex encaminándose ladera arriba.

—Sí, venga, no perdamos más tiempo —dijo María siguiéndole.

Yerak no pudo por menos que pensar que eran unos valientes. Su hermana no había querido explicárselo por temor a asustarlos, pero esos dos eran duros de pelar. Orgulloso de sus amigos corrió para atraparlos con su hermana al lado sonriendo. Cuando llegaron a lo alto de la colina se detuvieron y se asomaron con cuidado para no ser vistos. Estaban en la punta de una montaña con forma de u, que encerraba un pequeño valle. Justo en el centro de la montaña se veía una cueva de la que surgía un resplandor, como si alguien hubiera encendido una hoguera.

—Mirad —dijo María señalando la cueva—, Rening debe estar ahí. El hechizo nos ha dejado muy lejos, ¿no?

—Sí, supongo que Rening debe tener protecciones mágicas alrededor —dijo Yerak.

—No lo creo —dijo Álex—. Ya os dije que a Rening le costaba mucho mantener un hechizo, no podría sostener una barrera tan grande. No, lo que ocurre es que Kanae lo ha hecho genial.

—¿Yo? ¿Qué quieres decir? —preguntó la muchacha.

—Me refiero a que tu hechizo de traslado estaba tan bien planteado que nos ha dejado en un lugar donde Rening no podía vernos. Si nos hubiera dejado más cerca de la cima o en el valle, Rening habría visto el resplandor al aparecer —explicó Álex.

—¡Bien hecho Kanae! —dijo Yerak guiñándole un ojo. Su hermana enrojeció hasta las orejas, pero sonrió satisfecha.

—Sin embargo ahora viene la prueba definitiva —dijo María devolviéndolos a la realidad—. Esperemos que Rening no nos detecte.

—Esperemos —suspiró Álex—. No sé cómo llegar hasta ahí sin que se dé cuenta. Puede que no nos vea, pero a lo mejor puede oírnos.

—Creo que no, el hechizo es de ocultación, no de invisibilidad así que imagino que no podrá oírnos, pero deberíamos bajar con mucho cuidado y sin hacer ruido —dijo Yerak—. Mirad, allí hay un camino.

Los cuatro se dirigieron al camino que había señalado Yerak. Era un sendero estrecho que parecía descender entre los árboles hasta el valle. Bajaban con cuidado evitando hacer ruido. De vez en cuando se paraban y se asomaban hacia el valle para comprobar que Rening no les había visto. Llegó un momento en que ya no podían ver la entrada de la cueva y se paraban para comprobar que no oían ningún ruido extraño. Cuando llegaron al pie de la montaña ya era mediodía y el sol iluminaba todo el valle. Desde su escondite podían ver la entrada de la cueva. Debía ser muy profunda porque no había rastro de Rening o de sus padres, pero podían ver que había luz en el interior.

—No hay ni un solo lugar que pueda ocultarnos —dijo Yerak—. ¡Maldita sea!

—No te preocupes, creo que es mejor así —dijo María—. No hay nada que nos impida el acceso a la cueva y como el sol está justo encima de nosotros no proyectaremos ninguna sombra. Creo que sencillamente debemos caminar despacio en línea recta y entrar en la cueva. Una vez dentro, ya veremos lo que hacemos.

—Me parece una buena idea, pero deberíamos entrar de dos en dos, por si acaso hay alguna trampa —propuso Kanae—. Si los dos primeros quedan atrapados, los otros al menos estarán libres y podrían avisar a nuestro abuelo.

—Vale, iremos nosotros primero —dijo María pasando un hombro por el brazo de su hermano.

—¡Ni hablar! —protestó Kanae.

—Oye, no es una cuestión de valentía, sino de sensatez, vosotros dos sabéis mucho más sobre magia que nosotros. Si nos atrapan tendremos más posibilidades con vosotros fuera —aclaró María.

A regañadientes los gemelos cedieron y permitieron que María y Álex fueran primero. Los dos niños se dirigieron a la entrada de la cueva. Caminaban despacio y de vez en cuando se paraban para comprobar que no sucedía nada extraño. Los gemelos les observaban conteniendo la respiración. A cada paso que daban esperaban que ocurriera algo, pero llegaron a la cueva sin contratiempos. Dentro, un pasillo conducía hacia el interior, pero de momento no había ni rastro de Rening. Indicaron por señas a los gemelos que podían seguirles. No tardaron en llegar junto a ellos. Aunque no veían a Rening, no se atrevían a hablar por si les oía. Por señas Yerak les indicó que le siguieran por el pasillo que dejaba entrever la luz que habían visto desde fuera. Tuvieron la sensación de que era muy largo y angosto y que nunca se terminaría pero se acabó de pronto desembocando en otra amplia cueva. Al fondo los padres de los cuatro muchachos estaban maniatados e inconscientes.

María no pudo evitar dar un respingo y a punto estuvo de salir corriendo hacia sus padres si Álex y Kanae no llegan a sujetarla. Sabía que no debía hablar, pero estuvo tentada de enviarlos al cuerno, hasta que se dio cuenta de que Kanae movía los labios una y otra vez como si estuviera diciendo algo, la luz era tan tenue que casi no podía leerle los labios pero al final consiguió entender que la muchacha no paraba de repetir el nombre de su profesor. María miró a su alrededor pero no vio ni rastro de Rening. Sin emitir ningún sonido les preguntó dónde estaba, pero ellos negaron con la cabeza y señalaron a Yerak. El muchacho estaba agachado mirando unas huellas que parecían desaparecer delante de ellos. Se giró hacia ellos y les hizo un gesto como si se volatilizara en el aire. Sus amigos asintieron en silencio. Rening también estaba oculto en algún lugar de la sala. Por señas decidieron separarse por parejas para intentar llegar hasta sus padres.

Álex y María se deslizaron con cuidado hacia la derecha moviéndose lentamente, escudriñando el suelo y las paredes. María vio un murciélago y avisó a su hermano que lo miró atentamente, por un momento se detuvo indeciso, pero miró a su hermana y negó con la cabeza, no era Rening. A cada paso que daban se detenían escuchando y observando a su alrededor. Se dieron cuenta de que ni siquiera oían a los gemelos, el hechizo de ocultación era muy bueno, Álex no pudo evitar sonreír a pesar de la tensión, aunque pensó que hubiera hecho lo que hubiera hecho, Rening también permanecía oculto a sus miradas; eso le obligó a centrarse otra vez. Siguió a su hermana teniendo cuidado y buscando una señal que delatara a Rening.

Por su parte, los gemelos imitaron a sus amigos moviéndose hacia la izquierda. Caminaban pegados a la pared buscando marcas, pisadas o cualquier pista que pudiera indicarles donde estaba el brujo. Kanae no había presentido nada pero en cuanto entraron en la sala Yerak se puso tenso y avisó a su hermana de que notaba la presencia de Rening. Fue una suerte, porqué María estuvo a punto de salir corriendo al ver a sus padres y ella también habría hecho lo mismo de no ser por el aviso. Kanae caminaba detrás de su hermano muy despacio y aunque observaba alrededor en busca de Rening, de vez en cuando lanzaba un vistazo a sus padres. Tanto los suyos como los de los Sanders respiraban trabajosamente, como si estuvieran enfermos; tenían la cara pálida como un fantasma y los ojos ojerosos. Kanae se estremeció al imaginar lo que Rening podía haberles hecho. Intentaba no pensar demasiado en ello, pero no podía evitarlo, como tampoco podía dejar de darle vueltas a que sus padres no se hubieran escapado. Se preguntaba por qué no habían usado magia para librarse de Rening. Sus padres eran mucho más poderosos que ellos. Sacudió la cabeza intentando librarse de esas ideas y siguió a su hermano.

María se detuvo; estaba tan cerca de sus padres que podía oírlos respirar trabajosamente. Por suerte estaban tan juntos que con sólo que tocara a uno podría trasladarlos a todos. Se concentró y repasó mentalmente el hechizo asegurándose de que era capaz de recordarlo con exactitud. Se disponía a dar un paso más cuando Álex le sujetó el brazo y le señalo la pared que María estaba a punto de tocar. Parecía sobresalir de forma extraña y María se dio cuenta de lo que quería decir Álex, Rening estaba detrás del saliente. Se volvió hacia los gemelos y vio que estaban a punto de pasar por delante de un espejo. Antes de que pudiera llamarles la atención contempló horrorizada como el espejo mostraba la imagen de los gemelos pasando por delante de él. Una voz surgió de repente haciendo que los cuatro amigos se quedaran petrificados.

—Vaya, vaya —dijo Rening saliendo de su escondite—, debí imaginar que seriáis vosotros quienes acudieran a rescatarlos —añadió señalando a sus padres—. ¿Los pequeños Sanders han tenido tanto miedo que os han abandonado?

María tuvo que morderse la lengua para no decir algo que delatara su presencia. Miró a los gemelos y señaló el espejo que tenían a su espalda. Por suerte Álex y María estaban tan cerca de Rening que cuando Yerak y Kanae se volvieron hacia ellos, éste creyó que le miraban a él. Álex no paraba de señalar el espejo y Yerak se volvió a ver que le estaba intentando enseñar. Cuando vio que su hermana y él estaban reflejados, dejó caer los brazos derrotado. Rening les había atrapado. Álex y María vieron que murmuraba algo y de pronto se hizo visible. Su hermana apareció a su lado.

—He de reconocer que es un buen truco —dijo Rening zalameramente, parecía estar disfrutando de la situación.

—¿Qué? Tan sólo he dicho: mi hechizo ha terminado, ¿eso te parece un buen truco? —dijo Kanae temerariamente. En el otro lado Álex y María sonrieron, la muchacha acababa de explicarles cómo se finalizaba el conjuro, algo que se le había olvidado enseñarles.

Rening se rio ante ellos, pero no era una risa cálida y agradable, era como si miles de fríos cuchillos se te clavaran en el corazón. Álex y María no pudieron evitar encogerse un poco. Rening estaba disfrutando, como si ya hubiera conseguido lo que pretendía. María consiguió reponerse de la situación y se le ocurrió un plan para sacarles a todos de allí. Entre susurros se lo explicó a Álex y este asintió. Mientras Rening continuaba distraído, la muchacha pasó por delante del saliente donde el hombre se había escondido. María se reflejó en el espejo un instante, pero por suerte Rening estaba mirando a los gemelos en ese momento y no la vio. Siguió caminando y llegó hasta donde estaban sus padres, si sencillamente se dejaba caer, tocaría a los cuatro y podría sacarlos de allí. Cerró los ojos y repasó el hechizo mentalmente. Suspiró haciendo acopio de valor. Buscó a su hermano y vio que todavía no había alcanzado a los gemelos.

—Bien, niños —dijo Rening regodeándose de su triunfo—, el otro día en clase no respondisteis a mis preguntas y más tarde desaparecisteis de mi vista. Está claro que habéis tenido un golpe de suerte, pero ahora me contaréis todo lo que quiero saber o serán vuestros padres los que sufran las consecuencias.

—¿Qué diablos quieres saber? —farfulló Yerak furioso.

Yerak intentaba buscar a María y a Álex pero no los encontraba, imaginó que al terminar el hechizo había dejado de poder verlos. Esperaba que se les ocurriera un plan, porque él no sabía qué hacer. Notó que su hermana le cogía la mano, agradecido se la apretó, contento de sentir el consuelo de tenerla a su lado.

—Muchas cosas, muchas cosas y desde luego me las vais a contar —respondió Rening—. Pero lo primero es lo primero, quiero saber es cuál es la fuente de vuestro poder.

—¿Cómo? ¿La fuente de qué? —preguntó Kanae. Parecía realmente desconcertada.

—No te hagas la tonta niña —espetó Rening.

Enfadado Rening movió su mano y se rompió una piedra de la pared que se lanzó a hacia los padres de la muchacha, golpeando la espalda de su padre con fuerza. María tuvo que morderse la mano para no chillar. Buscó a su hermano y vio que estaba de rodillas al lado de los gemelos, temblando. Cuando el muchacho se levantó estaba blanco como la cal. María cerró las manos con fuerza, hasta entonces había tenido miedo de Rening, ahora empezaba a aborrecerlo.

Kanae con los ojos llenos de lágrimas miró a su hermano, realmente no sabía qué hacer. Yerak, que estaba rojo por la rabia, le apretó con fuerza la mano. Cuando Rening golpeó a su padre había estado a punto de lanzarse contra él, quería pegarle, hacerle sufrir por haber hecho daño a su padre, por haberlos retenido por,... Suspiró esforzándose por mantener la calma y se encaró a Rening.

—La fuente dices, no sé a qué te refieres —dijo Yerak—. Pero si intentas hacerles algo de nuevo te arrepentirás porque a nosotros no se nos acaba la magia —añadió antes de que Rening terminara de levantar la mano.

Era una jugada arriesgada, pero se le había ocurrido de repente, por lo que había comentado Álex antes. Si el muchacho tenía razón, por lo que había entendido, Rening podía hacer magia pero sus hechizos no duraban, así que estaba buscando un lugar donde pudiera reponer magia. Una fuente, ahora lo comprendía, Rening estaba buscando sus botellas, aunque no supiera de su existencia. Bien, pues no permitiría que las tocara. Además tenía una ventaja sobre el brujo, algo que jamás entendería, él tenía a sus amigos y confiaba plenamente en ellos. Sabía que estarían tramando algo y él se encargaría de entretener a Rening el tiempo suficiente para darles una oportunidad. Miró a Rening que estaba pálido como la cera y se dio cuenta de que había dado en el clavo, Álex tenía razón, sus hechizos no duraban, lo cual les daba una oportunidad, pero no debían fiarse, porque eso no significaba que no fuera un adversario terriblemente poderoso.

—Vas a decirme lo que quiero saber, por las buenas o por las malas, niño —dijo rabioso Rening, pero bajó el brazo.

—Eso lo veremos —dijo Yerak desafiante. Rening se echó a reír.

—¿Crees que eres lo bastante poderoso para derrotarme? No eres más que un niño insignificante que sabe algunos trucos de magia —escupió Rening.

—¿De veras? Si fuera así no estarías tan desesperado por capturarnos, o me equivoco —dijo Yerak intentando aparentar una seguridad que no sentía.

—Sólo porqué conoces un secreto que para mí es desconocido. Sabes donde se esconde un poder ilimitado, una fuente inagotable de magia que no te mereces. Tú, rata inmunda, no tienes ni idea de lo que soy capaz y no puedes ni siquiera imaginar los hechizos que conozco, la magia que soy capaz de invocar. Estoy siendo benevolente contigo, no me obligues a desatar un poder que arrasaría con todos vosotros —dijo Rening mirando con desprecio al muchacho.

—No me hagas reír, por favor —dijo Kanae interviniendo de pronto. La muchacha estaba temblando por dentro, pero sospechando que era lo que pretendía su hermano, decidió ayudarle.

—¿Dudas de mi poder? —preguntó Rening con los ojos desorbitados.

Empezó a recitar algo y las paredes de la cueva temblaron. Los gemelos se agarraron con fuerza. Álex se abalanzó sobre ellos y a punto estuvieron de caer los tres, pero Yerak consiguió sujetarlos y paso delante a Álex para ocultarlo del espejo. María por su parte se tiró encima de sus padres al notar que las paredes se movían. Aterrorizados los cuatro muchachos vieron como un gigante de piedra surgía de la cueva. Sus puños eran tan grandes como un coche. A los niños les pareció que si les daba una simple palmadita en el hombro, los destrozaría.

—Voy a hacer que regrese a la montaña por simple bondad, pero no dudéis que la próxima vez no desaparecerá —dijo Rening—. Ahora espero que recapacitéis y me contéis lo que quiero saber.

—Te repito que no sabemos lo que quieres decir —dijo Yerak recuperando la compostura—. Siempre hemos podido hacer magia y nuestros hechizos también son potentes, pero no sé de dónde viene la magia.

—¡Mientes! —gritó Rening señalando al muchacho—. No pongas a prueba mi paciencia. Ya has visto de lo que soy capaz, no me obligues a repetirlo.

—Por favor, ¡espera! —dijo Yerak.

El muchacho hablaba hacia María, o por lo menos hacia donde creía que estaba la muchacha, así que ella decidió esperar sabiendo que Yerak había entendido lo que planeaban. Por suerte Rening creyó que hablaba con él y se imaginó que había asustado al muchacho lo suficiente. Con un gesto el gigante volvió a integrarse en la montaña y Rening suavizó la expresión de su rostro.

—Mi hermano no miente, señor —dijo Kanae con voz sumisa, intentando parecer muy asustada, lo cual no era difícil—. Siempre hemos podido hacer magia.

—Mmm —murmuró Rening pensativo. Parecía evaluar si la muchacha estaba diciendo la verdad.

—Pero usted es muy poderoso —añadió Kanae al ver que Rening no decía nada—, no había conocido nunca un brujo así.

Rening se paseó por la cueva satisfecho. Bien por ti hermanita, pensó Yerak, dándose cuenta de que su hermana estaba aprovechándose de la arrogancia del hombre. Sujetando todavía disimuladamente a Álex para no perderle, decidió sumarse a la estrategia de su hermana. Esperaba que Álex y María se hubieran dado cuenta de que pretendía averiguar todo lo que pudiera sobre Rening antes de huir con sus padres y Kanae le estaba dando una oportunidad que no quería perder.

—Sí, mi hermana tiene razón —dijo Yerak dando una patada al suelo, como si se sintiera derrotado. Rening les miraba sonriendo, orgulloso de sí mismo—. No sé cómo ha conseguido ser un brujo, pero lo es y muy fuerte. Yo no hubiera sido capaz de convocar a un gigante de las piedras.

—Eso no ha sido nada, pequeño —dijo Rening restándole importancia con un gesto de la mano. Suavizó la voz y continuó hablando como si estuviera dándoles una lección en su clase—. Desde muy niño me di cuenta de que la magia es real. Estudié todos los libros que pude encontrar, visité todas las culturas que veneraban la magia, aprendiendo, creciendo, hasta que pude hacer magia yo mismo. Pero sí, tienes razón muchacho, mis hechizos no perduran. A pesar de ser tan poderoso, yo, que soy capaz de realizar hechizos que nunca imaginarias, yo, que puedo mover montañas, manipular a la gente a mi antojo o matar con el simple chasquido de mis dedos, he de ver como todo se desvanece al cabo de un instante —se atrevió a explicar, convencido de que los niños estaban vencidos y que ya nada podían hacer contra él. Los cuatro amigos se estremecieron al ver con cuanta frialdad hablaba de matar como si fuera lo más normal del mundo.

—¿Pero cómo es que puede hacer magia? —volvió a preguntar Yerak, que seguía sin entender cómo es que sin tener botellas, sin pertenecer a su pueblo, aquel hombre era capaz usar magia.

—Ya veo — dijo Rening riendo—, crees que sólo entre tu gente podéis hacer magia, ¿me equivoco?

—Sí —contestó tímidamente Yerak.

—Y eso que tus amigos, los Sanders también son brujos, aunque creo que bastante insignificantes —dijo Rening regodeándose.

—Sí —volvió a contestar Yerak enrojeciendo hasta las orejas. Esperaba que sus amigos no se lo tomaran a mal, pero había recordado una leyenda de su pueblo y empezaba a sospechar lo que había sucedido.

—Apresé a un espíritu —dijo Rening mirando fijamente al muchacho que no pudo evitar estremecerse.

—Eso no puede ser —dijo Kanae asustada.

Rening miró a los gemelos disfrutando del terror que habían producido sus palabras. Álex y María miraban a sus amigos sin comprender. No entendían por qué les aterrorizaba de ese modo y aunque sabían que no podían verles, esperaban que los gemelos se dieran cuenta de que necesitaban saber que estaba ocurriendo, pero sobre todo necesitaban una señal que les indicara que podían seguir adelante.

Cuando Álex cayó sobre los gemelos y Yerak lo cogió, María supo que habían comprendido que su hermano les trasladaría al claro donde habían aparecido y que ella se llevaría a los cuatro adultos. Cuando gritó que esperara se dio cuenta de que le hablaba a ella y no a Rening, pero no comprendía que es lo que estaba pasando, ni porqué parecían tan aterrorizados ante la mención del espíritu. Suspirando miró a su hermano que se encogió de hombros dándole a entender que él tampoco entendía lo que estaba pasando, pero decidieron esperar. Si Yerak y Kanae continuaban hablando con Rening, es que debía ser importante.

—¿Ahora lo entiendes pequeña? —se regodeó Rening—. Sí, he apresado a un hechicero muy poderoso, quizá conozcas su nombre, entre los indios suele conocerse su leyenda —añadió saboreando el pavor que podía leer en los ojos de los gemelos.

—No, no, él no. No puedes haberle atrapado, nosotros... —Kanae se mordió la lengua dándose cuenta de que había estado a punto de revelarle a Rening más de la cuenta. Yerak miró a su hermana sin adivinar de quién estaba hablando.

—Vaya, veo que sí conoces la leyenda. Entonces sabrás que no tenéis ninguna posibilidad de vencerme. Entregaos a mí y dejaré que vuestros padres se marchen, puede que hasta deje libres a los Sanders —dijo Rening—. Si de verdad no existe una fuente de donde pueda sacar mi poder, si de verdad vosotros podéis hacer magia desde siempre, entonces vosotros seréis mi fuente —añadió con un fulgor sediento de poder en la mirada.

—No, no te serviremos —dijo Yerak cogiendo a su hermana de la mano, que temblaba como una hoja, y apretándola fuertemente.

—¿No? ¿Ni aunque el espíritu que he apresado sea Maiuté? —preguntó maliciosamente Rening.

Yerak miró a Rening aterrorizado, no podía creer lo que estaba diciendo. Álex y María cruzaron la mirada asustados y supieron que debían irse de allí inmediatamente. Antes de que Rening pudiera evitarlo, los dos hermanos pronunciaron el hechizo de traslado y los ocho desaparecieron de la vista de Rening que empezó a gritar furioso y a lanzar rayos pulverizando las paredes de la cueva.

Capítulo 11:

Separados

Álex miró a su alrededor confundido, al pronunciar el hechizo había pensado que volvería a la entrada del túnel del poblado, sin embargo no reconocía el lugar. Habían aparecido en una habitación polvorienta; un gemido le hizo pensar en sus padres, pero María no se había trasladado allí con ellos. Yerak volvió a gemir aturdido, se había golpeado la cabeza contra una estantería, al aparecer en aquella habitación. Kanae, tan sorprendida como Álex, se acercó hasta su hermano para ver si se encontraba bien.

—¿Dónde estamos? —preguntó extrañada, asomándose por la ventana.

—No lo sé —respondió Álex encogiéndose de hombros.

—¡Cómo que no sabes! —gritó Yerak—. ¡Tú nos has traído aquí!

—Yerak, tranquilo, no es culpa de Álex —dijo Kanae intentando apaciguar a su hermano.

—¿Qué no es culpa de Álex? —exclamó enfadado—. Hemos dejado a nuestros padres con Rening, les hemos abandonado y todo porqué él se ha asustado —gritó señalando acusadoramente al muchacho.

—¡Eh, un momento! —gritó a su vez Álex—. ¡Que yo no he abandonado a nadie!

—¿A no? ¿Entonces dónde están? —recriminó Yerak—. No les veo por ninguna parte, ¿o es que vas a sacártelos de la manga como un vulgar mago?

—¿Cómo quieres que sepa dónde están si no sé dónde estamos nosotros? María iba a trasladarlos a ellos, seguro que estarán a salvo, los habrá sacado de allí —respondió el muchacho dolido.

—Si María se los ha llevado, estarán bien, no te preocupes —dijo Kanae sujetando por el brazo a su hermano que todavía miraba furioso a su amigo—. Lo que no entiendo es como hemos venido a parar aquí, sea donde sea aquí.

—Creí que volveríamos a Maiutac, justo donde nos desaparecimos —murmuró Álex compungido. Al verlo tan asustado, Yerak suavizó su expresión.

—Perdona, no quería gritarte, es sólo que estoy preocupado por mis padres —se disculpó Yerak tendiéndole la mano a su amigo. Álex se la aceptó, intentando calmarse a su vez.

—¿Por qué hemos aparecido en un lugar que no conozco? —preguntó Álex.

—Bueno, como te he dicho antes, no lo acabo de entender, ¿estabas pensando en algo cuando has recitado el hechizo de traslado? —preguntó Kanae.

—No me acuerdo. Sé que cuando Rening os dijo que había atrapado a un espíritu me extrañó que os asustarais tanto, porque no comprendo que significa, aunque cuando dijo que era Maiuté, el que se asustó fui yo —contestó el muchacho.

—Bien, ¿qué hiciste a continuación? —preguntó suavemente Kanae, invitándole a contarlo sin miedo a recriminaciones.

—Miré a mi hermana y vi que tenía cogidos a nuestros padres, a los cuatro —añadió Álex como si todavía quisiera justificarse ante su amigo—, y me hizo una señal con la cabeza, comprendí que quería que nos fuéramos de allí y recité el hechizo de traslado para largarnos cuanto antes.

—Sigue sin explicar por qué hemos aparecido en esta habitación —murmuró Kanae pensativa.

—¿No estaremos en el limbo? —preguntó Álex; de repente se había acordado de lo que le habían explicado los gemelos—. ¿Y si he pronunciado mal el hechizo?

—¡Ay! —exclamó el niño cuando Yerak le pellizcó.

—No, no estamos en el limbo, sino, no te habría dolido —aclaró Yerak, sonriendo a medias—. ¿Reconoces algo Kanae? —preguntó a su hermana que todavía miraba por la ventana.

—No, parece un edificio abandonado, de hecho, los edificios de alrededor están muy destartalados, parece un viejo barrio de alguna ciudad que haya quedado abandonado, fijaos que esta habitación está llena de polvo, como si nadie hubiera vivido aquí desde hace mucho tiempo —contestó la muchacha.

—¡Mirad! —exclamó Álex señalando un libro que estaba encima de una mesa.

Los gemelos se acercaron para ver mejor el libro. Yerak lo cogió y limpió el polvo acumulado con la mano. Pudieron leer el título: *La magia en las tribus indias: costumbres y creencias*. Inspeccionaron el resto de la habitación; en un lado había una cama individual y en frente una librería llena de libros. Hojeándolos se dieron cuenta de que todos trataban sobre magia. Los tres amigos se miraron sorprendidos. Observando la habitación se percataron de que parecía la habitación de un adolescente, su cama, su librería, su mesa escritorio. Pero, ¿quién diablos era? Kanae se acercó a la mesa escritorio y rebuscó entre los papeles, quizá encontrara el nombre de su propietario, alguna carta de algún amigo, o alguna otra pista que les revelara algo más sobre el dueño de la habitación. Entre varios folios encontró una especie de esquema, al pie se podía leer una firma.

—¡Anton Rening! —exclamó sorprendida al leer la rúbrica.

—¿Qué? —dijeron al unísono los dos muchachos.

—Mirad, está firmado, es Rening —dijo la muchacha tendiéndoles el papel.

—Tienes razón —dijo Yerak palideciendo—. ¿Cómo hemos venido a parar aquí?

—No lo sé —murmuró Álex—, espera, justo antes de pronunciar el hechizo me pregunté cómo diablos pudo Rening conocer la existencia de Maiuté, ahora me acuerdo.

—¡Eso es! —exclamó Yerak—. Leedlo —añadió devolviéndole la hoja a su hermana.

—Parece un esquema de varios libros sobre leyendas indias. Mira Álex, en el margen, al lado del título de algunos libros aparece el nombre de Maiuté —dijo Kanae examinando la hoja—. Supongo que así supo de su existencia.

—¿Queréis decir que como estaba pensando en Rening y en cómo supo de Maiuté cuando hice el hechizo de traslado, entonces por eso hemos venido a parar aquí? —preguntó Álex alucinado.

—Sí, es lo que tratábamos de explicaros antes en casa, la lengua maiuté es muy complicada porque usa la magia y se nutre de nuestros pensamientos, por eso si pronuncias mal una palabra, si estás desconcentrado o si estás pensando en otra cosa, puede que el resultado sea totalmente inesperado y peligroso —explicó Kanae.

Álex se sentó apesadumbrado en la silla levantando una nube de polvo. Los gemelos se imaginaron que se sentía mal por lo ocurrido y que trataba de entender lo que había pasado, así que decidieron dejarle tranquilo y siguieron inspeccionando la habitación.

El niño se cubrió la cara con las manos, no quería que le vieran llorar, pero es que estaba muy asustado. Había comprendido por fin lo peligroso que era jugar con magia y no estaba preocupado por lo que les había pasado a ellos, sino que tenía mucho miedo de lo que le hubiera sucedido a su hermana y a sus padres. ¿Y si a ella le había pasado como a él? Quizá estuvieran perdidos o algo peor. Se estremeció al recordar lo que le habían explicado sobre el limbo. Intentó apartar todos esos pensamientos de su cabeza, pero no podía. Al menos él estaba con los gemelos que conocían los secretos de la magia y los comprendían, en cambio María estaba sola. Aunque los padres de sus amigos fueran dos brujos muy poderosos, poco iban a poder hacer en su estado. Se imaginó a su hermana perdida en algún lugar extraño y peligroso con sus padres y los de los gemelos inconscientes en el suelo. Rompió a llorar desconsoladamente apoyándose en la mesa. Kanae quiso ir a consolarlo, pero Yerak la detuvo; creyendo que Álex estaba llorando por lo que les había ocurrido, pensó que era mejor dejar sólo al muchacho para que se desahogara y pudiera sentirse mejor.

Yerak recorrió los libros tocando el lomo con el dedo, leyendo cada uno de los títulos, buscando algo que pudiera serles útil. Al final, viendo que no encontraba nada, pensó en el hechizo que había realizado Álex para encontrar los conjuros en el Isinié y decidió probar algo similar. Cerrando los ojos murmuró un hechizo. Se quedó mirando la librería, esperando que algún libro se iluminara, pero no ocurrió nada. Empezaba a pensar que no era tan buen brujo como Álex, cuando le sobresaltó un chillido del pequeño. Se volvió pensando que le había pasado algo y vio qué era lo que había sorprendido a Álex. En la mesa, debajo de unos papeles, un libro brillaba con intensidad. Yerak corrió a cogerlo y lo hojeó. Se trataba de un libro sobre espíritus y vudú.

Álex y Kanae se acercaron al muchacho que seguía hojeando el libro. De pronto lo cerró y se lo tendió a sus amigos. Álex y Kanae lo estuvieron leyendo por encima mientras Yerak se paseaba por la habitación. Parecía preocupado y pensativo, de vez en cuando acariciaba su botella, como si quisiera darse ánimos. Álex miró Kanae desconcertado, pero ella negó con la cabeza dándole a entender que tampoco comprendía porqué se había puesto así su hermano. La muchacha imaginaba que había leído algo que le había preocupado, o que le había dado alguna pista, pero como su hermano estaba tan concentrado, no quiso interrumpirle.

Yerak se quedó mirando el libro que sujetaba Kanae y volvió a cogerlo. Lo abrió por una página en concreto y la releyó. Después le devolvió el libro a Kanae y siguió cavilando mientras paseaba. Repitió varias veces el proceso, se paraba cogía el libro de las manos de Kanae, lo abría, leía una o dos páginas y le devolvía el libro a su hermana. Álex estaba tan sorprendido que al final le preguntó a Kanae si Yerak estaba en trance o algo parecido. Ella se encogió de hombros tan desconcertada como él. Por fin, al cabo de un rato, Yerak dejó de pasearse por la habitación y sentó en la cama. Parecía algo abatido y poco dispuesto hablar, así que su hermana decidió que ya era hora de que explicara su extraño comportamiento.

—¿Qué, hermanito, te decides a contarnos lo que te ocurre o vamos a tener que adivinarlo? —preguntó con sorna, empezaba a estar cansada de los paseítos y el silencio de Yerak. Éste abrió varias veces la boca como si quisiera hablar pero al final suspiró y no respondió.

—Pero bueno, ¿se puede saber qué te pasa? —inquirió la muchacha plantándose delante de su hermano con los brazos en jarra. Aquello era excesivo.

—Es que no sé ni por dónde empezar —dijo Yerak.

—Pues empieza por el principio, dinos porqué se ha iluminado este libro —dijo Álex.

—Está bien, viendo todos estos libros se me ocurrió hacer un hechizo parecido al que tú hiciste con el libro Isinié, pensé que entre tanto libro, alguno nos serviría para saber que había hecho Rening y cómo había apresado a Maiuté —explicó Yerak. Se aclaró la garganta y continuó hablando—. Por un momento creí que no había funcionado, pero cuando tú gritaste, Álex, me di cuenta de que el libro que tenías delante brillaba e imaginé que era lo que buscaba, aunque desde luego no era lo que esperaba.

—¿A qué te refieres? —preguntó extrañada Kanae.

—Veras, este libro habla sobre espíritus y sobre hechizos para atarlos, utilizarlos y hacerse con su poder. Supongo que cuando pedí ayuda, me pasó como a Álex, estaba un poco distraído. Desde que Rening nos dijo que había capturado el espíritu de Maiuté no he dejado de darle vueltas, me preocupaba saber cómo lo había conseguido y quería encontrar una manera de liberarlo. Por lo que he visto en el libro, está claro que utilizó alguno de los conjuros para capturar su espíritu.

—¿Pero cómo puede haber atrapado a Maiuté si se nos apareció en su tumba? Tiene que ser otro brujo —dijo Álex.

—A mí también me extrañaba y casi no quería creérmelo por ese motivo, pero por lo que he leído y si no lo he entendido mal, podría ser verdad. Veréis, por lo que hemos podido comprobar, Rening ha estado obsesionado con la magia desde pequeño. Supongo que quería convertirse en un brujo así que debió estudiar todo lo que caía en sus manos relacionado con la brujería y los espíritus. Debió de ser así como descubrió este libro sobre vudú. En él explica que si consigues convocar a un espíritu puedes capturarlo mediante un complicado hechizo. En principio, si realizas correctamente el conjuro, atrapas al espíritu y puedes utilizar todo su poder porque dominas su voluntad a tu antojo, pero aunque lo consigas, si el espíritu es muy poderoso, pueden ocurrir dos cosas, que dicho espíritu te posea o que a pesar de estar bajo tu yugo, no puedas dominarlo del todo y aunque el espíritu no podrá liberarse de tus cadenas, tampoco podrás usar todo su poder, porque él no te lo permitirá. Creo que es lo que ha ocurrido con Rening, ha conseguido encadenarse al espíritu de Maiuté, pero como es tan fuerte, Rening no es capaz de usar todos sus poderes, por eso puede hacer magia, pero no dura porque no controla a Maiuté. Lo mismo debe pasarle a nuestro gran brujo, pudo manifestarse ante nosotros en su tumba porqué allí está su máximo poder, pero no podía hacer nada más porque está anclado a Rening. Esta situación es muy complicada y desgasta a los dos, a la persona que realiza el conjuro y al espíritu. Al final, si no se rompe el hechizo puede acabar con los dos en el limbo atrapados mutuamente, peleando por recuperar el control. Aunque si el espíritu se agota primero, y Rening consigue aguantar, podría conseguir tomar el control absoluto de Maiuté y entonces todo su poder estaría a su alcance —explicó Yerak.

Álex y Kanae miraron estupefactos al muchacho. Si habían entendido bien, Maiuté podría acabar destruido bajo las garras de Rening o perder el control y terminar sirviéndole para siempre. Si se hubiera tratado de otra persona estarían convencidos de que Maiuté acabaría llevándoselo al limbo, pero siendo Rening su oponente, no estaban muy seguros de que el gran brujo lo consiguiera.

Kanae tomó el libro y empezó a leerlo, quería creer que podrían encontrar algo que les diera la oportunidad de liberar a Maiuté, no podían quedarse de brazos cruzados, si Rening le vencía ... Kanae reprimió un escalofrío, no quería ni imaginárselo. Miró a su hermano, pero este negó con la cabeza.

—Sé que buscas algo que nos diga cómo liberar a Maiuté, pero no he encontrado nada y el libro ya no muestra nada más —dijo Yerak.

—Pero tiene que haber alguna forma de salvarlo, no podemos permitir que Rening lo controle, o que acaben los dos en el limbo, debemos ayudarle —insistió Kanae.

—Estoy de acuerdo contigo, pero no sé cómo —contestó Yerak.

—Chicos y si repetimos el hechizo de ayuda. Esta vez deberíamos ser muy específicos con lo que necesitamos, un hechizo para liberar un espíritu anclado con vudú a una persona —propuso Álex.

Los gemelos se quedaron mirando al muchacho, empezaban a acostumbrarse a sus buenas ideas. Kanae pensó que tenía una mente muy despierta. Decidieron intentarlo y la muchacha, que era la que mejor conocía el lenguaje antiguo de la magia pronunció el hechizo. Abrió los ojos, pero nada ocurrió.

Decidieron separarse y buscar por la casa por si había algún otro libro fuera de la habitación de Rening. El piso que era pequeño y sencillo, estaba polvoriento igual que la habitación. Kanae encontró una foto de un niño pequeño y sus padres. Se imaginó que se trataba de Rening. Su madre llevaba un delantal y su padre iba vestido como un minero. El niño parecía querer apartarse, como si se sintiera avergonzado. Kanae pensó que daba la sensación de que no le gustara mucho la humilde situación de sus padres; a diferencia del matrimonio, que sonreían abiertamente e iban vestidos con ropa sencilla, del trabajo seguramente, el niño vestía pulcramente un traje oscuro y llevaba corbata, casi daba la sensación de ser un niño de casa bien, como decían antiguamente, y que no fueran sus padres, sino los criados que le cuidaban. Kanae sintió pena al verlo, si así se había comportado Rening, se había perdido muchas cosas, porque sus padres parecían buenas personas; su madre era muy hermosa y tenía una sonrisa encantadora y su padre tenía aspecto de bonachón, con una sonrisa que le llegaba de oreja a oreja. Suspirando, siguió buscando, pero no encontró ningún libro que reluciera, ni tampoco ninguna otra foto familiar. El resto de fotografías mostraban a un niño, siempre vestido de traje, con libros en la mano; luego un adolescente con el mismo aspecto; pero ninguna otra con sus padres. Kanae pensó que era muy triste que Rening no hubiera aceptado el cariño de sus padres. No le extrañaba que fuera tan frío, ella se convertiría en una persona muy huraña y solitaria si no tuviera el amor de sus padres, si no supiera que podía ir corriendo a ellos, abrazarlos y sentir su cariño, su protección. Al acordarse de sus padres, sintió una punzada de dolor y volvió a reunirse con Yerak y Álex, para ver si ellos habían tenido más suerte.

Ninguno de los chicos habían encontrado nada más que pudiera serles útil. Cabizbajos volvieron a la habitación de Rening y se sentaron en la cama. Desde que había visto la foto de la familia de Rening, Kanae no podía apartar su mente de sus padres. Se preguntaba si María habría conseguido rescatarlos y si estarían bien. Una y otra vez veía la imagen de su padre gimiendo cuando la piedra le golpeó la espalda. Al final no pudo evitar que las lágrimas rodaran por sus mejillas.

—¡Eh! ¿Qué te ocurre? —preguntó Yerak abrazándola—. No te preocupes, encontraremos una solución.

—No es eso —dijo Kanae, negando con la cabeza sin dejar de llorar—, es que estaba pensando en papá y en mamá —Yerak la abrazó más fuerte.

—Seguro que estarán bien —murmuró compungido Álex. Él también estaba muy preocupado por los suyos. Al darse cuenta de lo triste que se había puesto su amigo, Kanae se enjuagó las lágrimas y le cogió las manos.

—Lo sé, sé que tu hermana habrá cuidado de los cuatro, es sólo que les echo de menos y me gustaría verlos —dijo Kanae, tratando de animar a Álex.

—Venga, no podemos pararnos, debemos encontrar una solución, una forma de parar a Rening y de poner a salvo a nuestros padres. Aquí quietos, sintiendo lástima por nosotros no lo conseguiremos —dijo Yerak levantándose de repente y sacudiéndose el polvo de los pantalones.

—No se me ocurre nada y si el hechizo no ha funcionado y no nos ha mostrado ningún libro, es que aquí no hay nada que pueda ayudarnos —dijo Álex levantándose a su vez.

—Bueno, pues si no hay nada aquí, busquemos en otra parte —dijo Kanae. Sus amigos la miraron sin comprender—. Mirad, necesitamos algún libro que nos muestre un conjuro que deshaga el hechizo que ancla a Maiuté, ¿no es cierto? En algún lugar tiene que haber algo así, repitamos el conjuro para localizarlo, pero esta vez, especifiquemos que nos lleve a donde quiera que esté ese libro.

—¡Es una gran idea! —exclamó entusiasmado Álex.

—No tanto —dijo Yerak. Álex y Kanae se volvieron hacia él enfurruñados—. Escuchad, no me gusta ser aguafiestas pero ¿y si Rening tiene ese libro? Nos plantaríamos delante de él poniéndonos a su merced. Qué queréis que os diga, no tengo un especial interés en presentarme ante sus narices, precisamente.

—Vaya, no había pensado en eso —recapacitó Kanae—. Podríamos pedir que una Donae nos muestre el lugar donde se encuentra la información que buscamos. Si no nos muestra la cueva, o a Rening, nos trasladamos hasta allí y buscamos el conjuro que necesitamos.

—Eso me parece mucho mejor —aceptó Yerak—. ¿Haces los honores hermanita?

Kanae reflexionó un momento, buscando las palabras exactas para recitar con precisión el hechizo. Cerró los ojos y lo pronunció. Delante de los tres amigos apareció una brillante Donae. Poco a poco, el brillo se apagó y la Donae les mostró un hermoso edificio de una planta. El techo era rojo, sujetado por unas enormes columnas que formaban un gran porche, tan grande que hubieran cabido unas cien personas. En el fondo veían una puerta enorme, dorada, con extraños dibujos que no reconocieron. El sol iluminaba el exuberante jardín que se veía alrededor.

—Me recuerda a los edificios budistas que estudiamos el otro día en clase de historia —dijo Yerak sobresaltando a sus compañeros que se habían quedado ensimismados contemplando la imagen.

—Sí, tienes razón, se parecen mucho. ¿Creéis que nos estará enseñando algún templo de china o de la india? Quizá sea el Tíbet —dijo Kanae.

—Bueno, sea donde sea, ahí no estará Rening, ¿no? —dijo Álex encogiéndose de hombros.

—No creo, sería muy raro, además me imagino que ahora la mayor preocupación de Rening será encontrarnos como sea. Me extrañaría que nos buscara en un lugar así —contestó Yerak.

—Entonces, ¿qué hacemos, nos trasladamos hasta allí? —preguntó Kanae.

—Sí, sí tenemos aunque sólo sea una oportunidad de rescatar a Maiuté deberíamos aprovecharla. María tenía razón, él nos escogió para que le ayudáramos, no podemos fallarle —dijo Yerak cogiendo la mano de su hermana.

Álex cogió la otra mano de Kanae y asintió. Yerak cerró los ojos y murmuró el hechizo de traslado. Los tres amigos desaparecieron con el habitual resplandor, dejando tras de sí un remolino de polvo.

Capítulo 12:

María

Un resplandor iluminó el túnel de buganvilias y María, sujetando todavía a los cuatro adultos, apareció justo en la entrada. La muchacha tuvo que revolcarse rápidamente en la tierra para apagar el fuego que se había prendido en su chaqueta. Se levantó y se la quitó. Estaba algo chamuscada, pero nada más, por suerte ella no había llegado a quemarse. Por lo visto, había sido más lenta que su hermano y cuando Rening empezó a disparar rayos, uno le rozó la espalda. Miró a su alrededor en busca de su hermano y los gemelos, pero no había ni rastro de ellos. Preocupada, se dirigió hacia sus padres. Los cuatro continuaban inconscientes y muy pálidos, sobre todo Cuervo Gris, que parecía casi translúcido. Asustada, imaginó que estaban muy débiles, casi al límite de sus fuerzas. Apartó con cuidado el cuello de la camisa del hombre y vio con horror que tan sólo le quedaba un hilillo muy fino de magia en su botella.

Viendo que no aparecían sus amigos, se dijo a sí misma que no tenía tiempo de preocuparse de ellos, esperaba que estuvieran a salvo, pero ahora tenía que centrarse en Cuervo Gris y en los demás. Se acercó a Nube Blanca y vio que, aunque su botella tenía un poquito más de magia que la de su marido, tampoco le quedaba demasiado. Decidió que lo mejor que podía hacer era llevarlos hasta su casa. Con mucho esfuerzo arrastró a Cuervo Gris hasta que consiguió meterlo dentro del túnel de buganvilias, esperaba que así quedara dentro de la barrera mágica que protegía al poblado. Jadeando, tuvo que sentarse y reponer fuerzas. Con cada ruidito se levantaba asustada temiendo que apareciera Rening por arte de magia, pero por suerte, tan solo eran ruidos propios del bosque.

En cuanto se sintió con fuerzas, fue a buscar a Nube Blanca. Era delgada y no muy alta, así que pesaba bastante menos que su marido, aún con todo, le costó mucho esfuerzo arrastrarla hasta el túnel. Temblando se sentó al lado de sus padres. Los brazos le dolían tanto que tuvo la sensación de que no sería capaz de llevarlos hasta el túnel. Le entraron ganas de llorar, pero se contuvo, sabiendo que en aquel momento la única posibilidad que tenían sus padres y los de sus amigos era ella. Miró su botella, los hechizos habían gastado un poco de magia, pero todavía le quedaba más de la mitad. Decidió comer un trozo de chocolate, eso le haría reponer fuerzas tanto mágicas como físicas. Miró a su padre, debía pesar un montón, tanto como cuervo Gris, pero decidió arrastrarlo primero, cada vez estaba más cansada y si le dejaba el último, probablemente no tendría fuerzas para moverlo. Como pudo, cayéndose de vez en cuando al tropezar con alguna piedra consiguió arrastrarlo hasta el túnel y lo dejó al lado de Nube Blanca. Sentía los brazos ardiendo y tenía la sensación de que se le partirían en dos, pero se obligó a coger a su madre. Esta vez no quiso ni descansar porque tenía miedo de que si paraba fuera incapaz de volver a levantarse. Gimiendo por el dolor, arrastró milímetro a milímetro a su madre; cada vez pesaba más y el túnel parecía estar más lejos, pero siguió tirando. Por fin llegó hasta donde estaban los demás y se dejó caer rendida.

Durante un cuarto de hora se quedó tumbada al lado de los adultos. Poco a poco recuperó el aliento y los brazos, aunque le dolían mucho, dejaron de quemarle. Se incorporó un poco y sentada contempló unos minutos la entrada del túnel. Su hermano y los gemelos seguían sin aparecer. No entendía lo que podía haber sucedido. Sabía que su hermano se había escapado con sus amigos antes que ella, pero no tenía ni idea de donde se habrían metido. Se acordó de pronto de lo que Yerak había contado del limbo y se asustó muchísimo. En ese momento Nube Blanca gimió, la muchacha corrió hacia ella; parecía exhausta. Decidió que no podía esperar más a sus amigos y deseando de todo corazón que estuvieran a salvo, junto las manos de los cuatro. Sujetó con fuerza la mano de su madre, se concentró y recitó el hechizo de traslado, deseando encontrarse en el salón de la casa de Águila Salvaje. Con un resplandor aparecieron en medio de la sala, por suerte no había ningún mueble cerca y los cuatro adultos inconscientes, quedaron tumbados en el suelo.

Buscó al abuelo de los gemelos, pero Águila Salvaje no estaba por ningún sitio. Corriendo, decidió ir a buscar a la vecina de la que hablaba el anciano en su nota. Al llegar a casa de la vecina, empezó a aporrear la puerta con fuerza. Sobresaltada la mujer salió corriendo a abrir la puerta. Sorprendida se quedó mirando a María que balbuceaba nerviosa, incapaz de explicarle con coherencia lo que ocurría. Al final, la muchacha, desesperada, agarró con fuerza la mano de la mujer y la obligó a seguirla hasta casa de Águila Salvaje. En cuanto vio a los cuatro estirados en el suelo, la vecina corrió hasta ellos y les tomó el pulso, inspeccionando sus ojos y su aspecto. Preocupada pidió a la muchacha que fuera a buscar a su chamán. Le explicó dónde encontrarle y María salió disparada en su busca. El chamán vivía fuera del pueblo, en el bosque, cerca de la cascada. A María se le hizo eterno el camino, tuvo la sensación de que nunca llegaría, pero se obligó a seguir corriendo. En cuanto alcanzó la arboleda, siguió el camino que le había indicado la vecina y encontró al chamán recogiendo unas hierbas en la entrada de su casa. El hombre miró a la muchacha de arriba a abajo y sonrió. María se imaginó que Águila Salvaje le habría hablado de ella y de su hermano. Sin perder tiempo, María le explicó que necesitaban su ayuda. A pesar de las prisas, el chamán obligó a María a entrar en su casa y le pidió que le contara como se encontraban sus padres y los de los gemelos. Exasperada por lo que a María le pareció una pérdida de tiempo, empezó a contarle lo que sabía. Cada vez su voz sonaba más enfadada y desesperada. Al final, el chamán la interrumpió.

—Jovencita, sé que estás impaciente por ayudarles, pero si no conozco todos los detalles, podría equivocarme en el diagnóstico. En cuanto les vea podré dictaminar mejor que les ocurre, pero con tu ayuda, puedo hacerme una idea aproximada y así cogeré los medicamentos que puedan hacerme falta —dijo el chamán sonriendo a María.

La muchacha, enrojeciendo hasta las orejas, siguió contándole lo que sabía más calmada, procurando recordar todos los detalles que había observado, como que la piel de Cuervo Gris parecía translúcida, o que de vez en cuando tanto él como su esposa lanzaban extraños gemidos. El chamán asentía y conforme ella iba hablando el cogía diferentes botecitos de su alacena. Por fin, el hombre le dijo que ya tenía lo que necesitaba y se pusieron en marcha. En cuanto salieron de la arboleda, el chamán la detuvo.

—¿No pretenderás ir andando hasta allí? —dijo el hombre guiñándole el ojo.

María se quedó de piedra, con los nervios se había olvidado de que podía trasladarse de un lado a otro con magia. Que estúpida he sido, pensó enfadada consigo misma. El chamán adivinando lo que estaba pensando, sonrió y le explicó que nadie podía aparecerse en su arboleda, sin su permiso, así que no hubiera podido ahorrarse la caminata de ida ni aunque hubiera querido. Le dio la mano a María y trasladó a los dos al salón de Águila Salvaje.

Se dirigió disparado hacia sus cuatro pacientes. Inspeccionó el estado de cada uno y pidió a la vecina, que se había quedado cuidando de ellos, que preparara agua caliente, mientras él seguía atendiéndolos. La vecina cogió por los hombros a María y la condujo hasta la cocina.

—Con las prisas antes ni siquiera me he presentado, me llamo Niebla Azul —dijo la mujer—. Tú debes ser María, la amiga de los gemelos.

—Sí señora —contestó educadamente María. Ahora que sabía que los mayores estaban atendidos, estaba algo más tranquila.

—¿Dónde están los gemelos y tu hermano? —preguntó Niebla Azul.

—No lo sé, hemos tenido que separarnos —contestó María—. ¿Dónde está Águila Salvaje? Debemos contarle lo que ha pasado.

—No te preocupes pequeña, ya he mandado que le avisen, pero tardará en volver. Cuando el consejo se reúne, no se le puede interrumpir. En cuanto acabe, le contarán lo que ha pasado, seguro que vendrá en cuanto le sea posible —dijo mientras llenaba una palangana con agua caliente—. Toma, llévasela al chamán, que la necesita y luego vuelve aquí que te prepararé un chocolate caliente.

La muchacha obedeció a Niebla Azul. Le llevó el agua y hubiera querido preguntarle al chamán si se pondrían bien, pero no se atrevió a interrumpirle. El hombre había subido a los cuatro a las habitaciones de arriba y los había acostado en las camas. Corría de un paciente a otro y parecía muy preocupado, pero sonrió a la muchacha y como si volviera a adivinar lo que estaba pensando María, le contestó que no se preocupara que se pondrían bien, por suerte María les había rescatado a tiempo. Con lágrimas en los ojos, la muchacha le dio las gracias y le dejó solo para no molestarle. Cuando llegó a la cocina todavía estaba llorando y Niebla Azul la abrazó consolándola. María se tranquilizó y bebió un poco del chocolate que ella le había preparado. Se comió unas galletas y se sorprendió al darse cuenta de que se encontraba mucho mejor. Sacó su botella y vio que se había llenado del todo.

Se sentía mucho más tranquila y empezó a pensar en su hermano y en los gemelos. Habían pasado ya dos horas desde que se separan y todavía no había ni rastro de ellos.

Otro pensamiento la asaltó de repente, si sus padres no sabían nada sobre la magia y las botellas, lo sabrían en cuanto recuperaran la consciencia y les explicaran lo que había ocurrido. ¿Se quedarían entonces sin sus botellas? Álex quedaría desprotegido ahí fuera. Viendo lo preocupada que estaba Niebla Azul le preguntó si podía ayudarla en algo. María se mordió el labio, no conocía a Niebla Azul, pero algo en su mirada hizo que confiara en ella. Le explicó sus dudas acerca de sus padres y las botellas. La mujer tranquilizó a María explicándole, que si bien era cierto que revelar el secreto de los Maiutacs acarreaba consecuencias, nadie se quedaba sin magia por ello. Niebla Azul le contó que esa era una norma que contaban a los brujos pequeños para que aprendieran la importancia de las botellas y de preservar el secreto ante desconocidos. María suspiró aliviada y se terminó el chocolate.

Conforme pasaba el tiempo empezó a preocuparse cada vez más por su hermano y los gemelos. Niebla Azul había subido con el chamán para ayudarle y juntos curaban a los cuatro pacientes. María empezó a pasearse por la habitación, sabía que sus padres estarían bien atendidos por el chamán y Niebla Azul, en cambio tenía la sensación de que su hermano y sus amigos sí que necesitarían su ayuda. Al darse cuenta de que se estaba paseando igual que lo hacía Yerak y Águila Salvaje, esbozó una sonrisa y supo lo que tenía que hacer. Escribió una larga nota para el anciano explicándole lo que habían hecho y cómo habían rescatado a los cuatro adultos. Le contó que habían extraído los hechizos del libro Isinié, que habían vuelto a guardar en su sitio y que ahora ella había decidido ir a buscar a sus amigos. Cuando terminó la dejó en la cocina en el mismo lugar que el anciano les había dejado una nota aquella misma mañana, aunque parecía que habían pasado siglos.

Mientras escribía la nota una idea le había asaltado. Bajó al sótano y con cuidado sacó el libro de la trampilla. Hojeándolo se dio cuenta de que no entendía una sola palabra, pero decidió probar suerte igualmente, murmuró las mismas palabras que su hermano, aunque ahora simplemente pidió conjuros que pudieran rescatar a Maiuté y vencer a Rening. Como la primera vez, el libró volteó las hojas mágicamente y se quedó quieto iluminando un conjuro. María, que había cogido un lápiz y papel, copió el hechizo y como vio que el libro no se movía, aprovechó para repasarlo. Al ver que lo había copiado bien, fue a cerrarlo y a guardarlo cuando de pronto el libro volvió a la vida y pasó las páginas hasta llegar a otro hechizo que se iluminó. María se quedó de piedra mirando con asombro las páginas del libro, era como si hubiera adivinado que la muchacha necesitaba más tiempo que Kanae. Reaccionando, copió el hechizo, lo repasó y esperó. Esta vez, el libro no se movió así que supuso que había terminado. Cerró el libro y lo envolvió con cuidado con el pañuelo de seda. Volvió a guardarlo en la trampilla y la cerró. Segura de lo que debía hacer, se guardó la nota en el bolsillo, esperando que Yerak y Kanae fueran capaces de traducir los hechizos.

Subió a las habitaciones para ver cómo estaban sus padres y los de los gemelos. Seguían inconscientes, pero ahora parecía que simplemente estuvieran durmiendo. Habían recuperado el color y sus rostros no reflejaban dolor alguno. María acarició la cara de su madre, conteniendo las lágrimas. La besó en la mejilla y repitió el beso en la mejilla de su padre. Mentalmente les prometió que volvería con Álex y con los gemelos sanos y salvos y se marchó antes de que Nube Azul o el chamán repararan en ella. Salió al porche y miró a su alrededor, no había ni rastro de sus amigos o de Águila Salvaje, así que respiró hondo y se trasladó hasta la entrada del túnel de buganvilias. Tampoco allí había ni rastro de su hermano o de los gemelos. Cruzó la entrada de las buganvilias y cuando creyó que ya habría traspasado la barrera, repasó el hechizo. Como le habían explicado los gemelos, debía ser muy cuidadosa con lo que quería lograr, así que se aseguró de que el conjuro la trasladara al mismo lugar donde estaba su hermano. Pensó que era mejor buscar a uno sólo de los tres, porque si se habían separado y ella pedía ir donde estuvieran Yerak, Kanae y Álex, no estaba muy segura de querer averiguar lo que pudiera sucederle. Por un momento se imaginó partida en tres partes y no le gustó demasiado la idea. Sacudió la cabeza para despejarse y se decidió, no sabía que podía encontrarse, quizá Rening les hubiera atrapado, o quizá estuvieran en el limbo, pero fuera donde fuera, lo único que podía hacer era prepararse y acudir en ayuda de su hermano. Recitó el hechizo y desapareció.

Capítulo 13:

La pagoda

En un abrir y cerrar de ojos, se produjo un barullo alucinante; María empezó a chillar asustada al verse rodeada de piernas que no paraban de patalear; gruñidos, gemidos, y farfulleos se interrumpían sin cesar hasta que de pronto una voz conocida se alzó por encima de las demás, intentando poner un poco de orden.

—María, ¿quieres dejar de gritar? ¡Vosotros dos, quedaos quietos de una vez! —gruñó Yerak, intentando sentarse.

Los cuatro formaban un amasijo de piernas y brazos. Dejaron de moverse y se ayudaron a levantarse, María se aseguró de que todos estaban bien y de que a ninguno le faltaba un trozo. Se sintió tan aliviada que abrazó a su hermano con fuerza. Álex escondió la cara en su hombro para ocultar sus lágrimas, había estado mucho más preocupado por su hermana de lo que quería admitir. De pronto se dio cuenta de que la muchacha estaba sola.

—¿Dónde están papá y mamá? ¿Qué ha pasado? —preguntó Álex nervioso.

—Están bien, no te preocupes —tranquilizó María—, los cuatro están a salvo —añadió al ver la cara de preocupación de los gemelos—. Tal y como habíamos planeado con Álex, trasladé a nuestros padres a la entrada del túnel de buganvilias, al ver que no aparecíais, conseguí llevarlos a Maiutac. Como no estaba vuestro abuelo, corrí a avisar a vuestra vecina, Nube Azul y ella me mandó a buscar al chamán de la tribu. Los dos están cuidándolos en este momento. El chamán ha dicho que no corren peligro, que se pondrán bien.

Al oírlo los gemelos se abrazaron y Álex suspiró aliviado. Durante todo el tiempo que habían estado separados había temido por la vida de sus padres, de María y de los padres de los gemelos. Saber que estaban bien y que se recuperarían fue como si le quitaran un gran peso que le oprimía el corazón.

—Aunque a mí lo que me gustaría saber es dónde os habías metido y ¿dónde estamos? —preguntó María mirando a su alrededor.

Se encontraban en el exuberante jardín que la Donae había mostrado a Álex y a los gemelos en casa de Rening, frente al hermoso edificio de una planta. Como en la imagen que habían visto, el techo era rojo y tenía un gran porche, con columnas doradas como si estuvieran forradas de oro igual que la puerta del fondo.

—Creo que nos hemos trasladado a la pagoda que nos enseñó la Donae —dijo Álex observando el edificio. Le había parecido muy bonito cuando lo vio en la imagen, pero ahora, al natural, era tan hermoso que no tenía palabras para describirlo. Transmitía paz y bienestar.

—¿Entonces no habéis estado aquí todo el rato? —preguntó María.

—¡No, qué va! —respondió Kanae.

Los tres le contaron a María lo que había sucedido cuando Álex había pronunciado el hechizo de traslado. Le explicaron que habían aparecido en casa de Rening y que habían descubierto cómo había sabido de Maiuté. La chica les escuchaba fascinada, le parecía increíble que hubieran descubierto tanto, simplemente porque Álex había estado pensando en Rening y en Maiuté cuando realizó el conjuro; se estremeció al darse cuenta de lo peligrosa que era la magia. Cuando le contaron el hechizo que había hecho Yerak para encontrar algo que les ayudara, dio un respingo y se acordó de la nota que llevaba en el bolsillo.

—Tomad —dijo María pasando la nota a los gemelos—, antes de venir consulté otra vez el libro Isinié, buscando algo que pudiera sernos útil. Espero que podáis traducirlos.

—¡Genial! —dijo Yerak empezando a leerla.

—¿No sería mejor que antes diéramos una vuelta, para ver si encontramos lo que hemos venido a buscar? —preguntó Kanae—. Luego ya pondremos en común toda la información.

Los cuatro muchachos decidieron que era lo mejor. Casi con temor reverencial subieron las escaleras que conducían al porche. Sus pasos resonaban en el suelo, como si pisaran con zapatos de hierro. Con el escándalo que armaban les extrañó que nadie saliera a ver qué ocurría. Llegaron hasta la puerta dorada, que les pareció mucho más grande de lo que habían imaginado. Estaba gravada con hermosos dibujos en los que aparecía buda y monjes tibetanos, al verlos, no les quedó duda de que estaban en algún monasterio tibetano. Empujaron con cuidado la puerta y viendo que estaba abierta, entraron. Estaba un poco oscuro, por lo que sus ojos tuvieron que acostumbrarse a la escasa luz, antes de seguir caminando. Volvieron la puerta tras de sí y caminaron hacia un altar que presidía un gran buda, tan real que tuvieron la sensación de que en cualquier momento se levantaría y les reñiría por entrar sin permiso. En aquella enorme sala tampoco encontraron a nadie, cosa que les extrañó, ¿quién dejaba un lugar tan hermoso sin nadie que lo cuidara?

La estatua de Buda estaba rodeada de flores y antorchas que iluminaban la estancia. Se quedaron un rato contemplándola, se sentían a salvo y en paz en aquel lugar, estaban tan a gusto, que durante unos instantes se olvidaron de Rening y de lo que habían ido a buscar. Una suave brisa acarició sus rostros, sacándoles de su ensimismamiento. Sorprendidos buscaron a su alrededor el origen de la brisa y se dieron cuenta de que al otro lado de la sala, casi tocando a la pared del altar, había una pequeña puerta tapada con una cortina que ondeaba suavemente por la brisa. Su curiosidad les llevó hasta allí y cruzaron la puerta.

Se encontraron ante una enorme biblioteca iluminada por las antorchas y por la luz de las ventanas. Parecía muy vieja y muchos de los libros tenían los lomos descoloridos por el paso del tiempo, pero todo estaba muy limpio y ordenado; alguien cuidaba muy bien de aquella biblioteca.

—Bueno, si no encontramos aquí alguna cosa que pueda ayudarnos, no creo que exista en ningún otro sitio. Es impresionante —dijo Álex. Su voz resonó entre los estantes sobresaltando todos.

—Qué susto me has dado, enano —dijo María apoyando su mano en el hombro de su hermano—. Baja la voz, no grites tanto, que hay que guardar silencio —añadió la muchacha.

A María le encantaban los libros y siempre era muy respetuosa con las normas de la biblioteca. A menudo, cuando iban al parque, ella entraba en la biblioteca a leer un rato y si alguien alzaba la voz o armaba mucho escándalo le molestaba muchísimo, así que ella procuraba no molestar a los demás.

—*Dga' bsu zhu* —dijo una voz a sus espaldas, provocando que todos se dieran la vuelta asustados.

Se encontraron cara a cara con un anciano monje con el típico vestido rojo y amarillo de los budistas. Su rostro era afable y pacífico y no sintieron temor alguno ante él. De hecho, se sintieron seguros, como si su sola presencia pudiera salvaguardarlos de cualquier mal. A Kanae le recordó a su abuelo, anciano y sabio. Se miraron desconcertados, no entendían lo que les había dicho y no sabían que responder.

—*Dga' bsu zhu* —volvió a repetirles el monje, sonriendo abiertamente.

—Discúlpenos señor, pero no entendemos lo que nos dice —explicó Kanae educadamente.

El anciano extendió sus manos y recitó unas palabras. Por un instante la biblioteca resplandeció igual que cuando ellos usaban las botellas, luego el brillo desapareció y todo volvió a quedar como antes. El hombre les miró sonriendo.

—Bienvenidos —dijo el monje. Los niños se miraron sorprendidos, ahora le habían entendido perfectamente, sin embargo tenían la sensación de que el anciano seguía hablando en aquel idioma desconocido para ellos.

—¿Quién es usted? —preguntó Yerak con un hilillo de voz.

—Soy Tathágata, monje del templo y cuidador de la sala del conocimiento—respondió amablemente—. Aunque es costumbre, que aquel que viene a visitarnos se presente primero.

Los cuatro enrojecieron avergonzados, aunque Kanae tuvo que morderse la lengua para no reír, realmente Tathágata era clavadito a su abuelo. Uno a uno, los muchachos se presentaron al monje y casi sin darse cuenta le contaron lo que les había ocurrido y porqué habían aparecido en el templo. El anciano les escuchaba atentamente, sin dar muestras de extrañeza ante lo que le relataban, como si el uso de la magia fuera algo corriente. No pudieron evitar percatarse que cuando nombraron a Rening, Tathágata pareció sorprenderse y frunció el ceño, pero no les interrumpió y ellos continuaron con su relato. Cuando por fin terminaron, el hombre parecía algo cansado y preocupado. Les invitó a sentarse en unos bancos y él tomo asiento frente a ellos mirándolos pensativamente.

—Debí imaginarme que algo así ocurriría cuando apareció Rening en el templo —suspiró el anciano.

—¿Rening estuvo aquí? —preguntó Álex incrédulo.

—Sí, así es, vino hace ya algunos años, buscando conocimiento y saber, o al menos eso nos contó. Por aquel entonces otro monje se encargaba de esta sala y le permitió quedarse y consultar nuestros libros. Parecía un joven amable y educado. Lo cierto es que era un buen estudiante y ayudaba a Prajna, el guardián de la biblioteca, en todo lo que podía, pero estaba demasiado interesado en el ocultismo y en los espíritus para mi gusto. Desapareció de repente y no había vuelto a saber de él hasta hoy —respondió Tathágata.

—Entonces seguro que fue aquí donde descubrió la forma de capturar a Maiuté —dijo Kanae mirando a sus compañeros.

—Eso me temo, muchacha —murmuró el anciano.

—¿Usted conoce a Maiuté? —preguntó Álex de pronto—. Bueno, no quiero decir que le conozca personalmente, quiero decir que ha oído hablar de él, ¿no? —añadió aturulladamente.

—Por supuesto —dijo el anciano sonriendo—, ¿quién no conoce al gran brujo indio?

—Pero, no puede ser, la existencia de nuestro pueblo es un secreto —protestó Yerak, Tathágata rio abiertamente.

—Por supuesto que es secreta, para todo aquel ajeno a la magia. Veréis, vuestro pueblo no era el único capaz de usar la magia. En todas las culturas a lo largo del tiempo han existido personas capaces de acceder a la magia, recordad por ejemplo la historia de la Edad Media en Europa, donde la inquisición quemaba a las brujas, fijaos por ejemplo en los brujos de las tribus africanas. Si revisáis atentamente la historia, encontraréis muestras de magia por todo el mundo. Pero conforme el hombre evolucionaba, dejó de creer en la magia y perseguía a quienes decían que la practicaban. Con el tiempo, igual que hizo Maiuté con los brujos indios, todos los practicantes de magia nos ocultamos ante el mundo. Por eso al veros, he sabido que por lo menos, creíais firmemente en la existencia de la magia, cuando no podíais usarla, porqué sino, no hubierais sido capaces de aparecer en este lugar que permanece oculto para los no creyentes. Esta biblioteca no es una biblioteca común, aquí se guardan los libros de la magia, por eso es conocida como la sala del conocimiento de la magia —explicó el monje.

Los niños, que le escuchaban alucinados, tardaron un momento en darse cuenta de que había dejado de hablar. Yerak y Kanae se miraron sorprendidos. Toda su vida habían creído que estaban solos, que nadie más era capaz de hacer magia y que nadie conocía su existencia. Aquella explicación había revuelto su seguro mundo, siempre se habían sentido a salvo, pero ahora se daban cuenta de que podían existir otras personas como Rening ávidas de poder que amenazaran su hogar. Sin embargo, ahora no tenían tiempo para eso y se obligaron a centrarse en su problema más inmediato.

—Entonces aquí encontraremos lo que estamos buscando —dijo Yerak poniéndose en pie. Parecía decidido y sujetaba con fuerza su botella.

—De eso no me cabe la menor duda —dijo amablemente Tathágata—. Si me contáis que es lo que os ha traído aquí exactamente, quizá pueda ayudaros.

—Buscamos un hechizo que pueda liberar a Maiuté de Rening —dijo María que había permanecido en silencio todo el rato, sobrecogida ante todo lo que estaba contando el anciano.

—Vamos a ver, dejadme pensar —dijo el anciano, levantándose y paseándose entre las estanterías.

Durante un rato deambuló por la biblioteca, de vez en cuando cogía algún libro, lo hojeaba y negando con la cabeza lo devolvía a su sitio. Los chicos esperaron pacientemente en el banco a que Tathágata encontrara lo que buscaba. Kanae aprovechó para traducir los hechizos que les había dado María. Cuando terminó se sobresaltó al ver que sus tres compañeros y el anciano la miraban fijamente. No se había dado cuenta de que Tathágata había regresado con un libro bajo el brazo.

—Estaba traduciendo estos hechizos, señor —se disculpó la muchacha, enseñándole la hoja.

—Un buen trabajo —admiró el monje—. Serías una gran estudiante, estaría encantado si algún día quisieras venir a aprender a nuestro templo. Y os hago extensiva esta invitación —añadió señalando a los demás. Los cuatro le dieron las gracias gratamente sorprendidos—. Aquí tenéis el libro que estabais buscando. En el encontraréis hechizos muy útiles, no os diré cuales, pues eso es algo que os toca decidir a vosotros. Ahora os dejaré a solas, para que lo consultéis. Podéis quedaros el tiempo que haga falta. Cuando terminéis, dejad el libro encima de la mesa y marchaos. Espero que tengáis éxito en vuestra difícil empresa.

—¿Se marcha? —preguntó Álex.

—Sí, mi trabajo aquí ha terminado, como ya os he dicho, es vuestro turno, no puedo hacer nada más por vosotros, excepto quizá … —dijo Tathágata.

El monje hizo un gesto señalando una mesa y en ella aparecieron toda clase de manjares. Los niños se dieron la vuelta para agradecérselo, pero Tathágata había desaparecido.

—¡Ahí va! —exclamó Yerak, que de repente se había dado cuenta de que tenía mucho hambre—. ¡Esto es un festín!

—Supongo que ahora que nuestros padres están a salvo, podemos permitirnos comer tranquilamente, ¿verdad? —dijo esperanzado Álex, sus tripas rugieron, en señal de agradecimiento.

—Yo creo que sí —dijo Kanae que sentía el estómago tan vacío como si hiciera una eternidad que no comía.

—¡Anda, será mejor que os sentéis a comer ahora mismo, tragones! —dijo María riendo, ella había podido tomar un chocolate en casa de los gemelos, pero igualmente se sentó a comer con ellos.

Durante un rato los cuatro comieron en silencio devorando toda la comida que Tathágata había hecho aparecer en la mesa. Al cabo de un rato cuando se sintieron satisfechos, María se dio cuenta de que había un poco de té en un termo en una mesita auxiliar y preparó cuatro vasos. Cuando fue a dárselos a sus amigos se quedó de piedra al ver que la comida, los platos y todo lo que habían ensuciado, había desaparecido. Realmente el anciano era un gran brujo, pensó María sonriendo. Despertó a sus amigos que se habían quedado dormidos.

—¿Has recogido tú sola todo el lío que hemos armado? —preguntó Yerak sorprendido—. Siento no haberte ayudado, me he quedado frito.

—No te preocupes, no he sido yo —contestó la muchacha—, ha desaparecido por arte de magia.

—¡Guau! Increíble, ese truco tengo que aprenderlo —dijo Yerak alucinado.

—Me parece que será mejor que emplees tu cabeza en estos otros hechizos —advirtió Kanae pasándole la hoja con los conjuros que había transcrito—. Revísalos a ver qué te parecen.

—Seguro que están bien, Tathágata dijo que habías hecho un gran trabajo —dijo Yerak.

—Aun así échales un vistazo —insistió Kanae.

Su hermano empezó a leer los hechizos. De vez en cuando levantaba la vista y miraba a su hermana sorprendido. Cuando terminó de leerlos estaba un poco pálido. María y Álex se preguntaban que debían hacer esos hechizos, para que los gemelos parecieran tan preocupados.

—Chicos, ¿qué sucede? —preguntó María—. Son los hechizos que copié del Isinié, ¿verdad? ¿Es que no nos sirven?

—No, no es eso, es que, bueno, ¿qué pediste exactamente cuándo hiciste el conjuro? —dijo Yerak, incapaz de explicarse.

—Si no me equivoco, pedí que el libro me mostrara hechizos que pudieran salvar a Maiuté y que nos permitieran vencer a Rening —contestó María—. ¿Por qué?

—Verás, es que para salvar a Maiuté no sé, pero para vencer a Rening... —dijo Kanae, suspirando como para coger fuerzas, continuó hablando—. Un hechizo sirve para abrir un portal y el otro para cerrarlo.

—¿Portales? ¿Queréis decir que podríamos enviar a Rening a dónde quisiéramos? Eso no está mal, pero dudo que sirva de mucho, luego regresaría, ya fuera con magia o con medios normales —dijo Álex, sorprendido de que los gemelos se hubieran asustado por algo así.

—El problema no es que abran o cierren un portal, la cuestión es dónde va ese portal, lleva directamente al limbo —puntualizó Kanae. Álex y María tragaron saliva al oírlo.

—¿Al limbo? A ver, sé que Rening está loco, está ávido de poder y puede que no se detenga ante nada, pero ¿no es un poco drástico? —dijo María.

—Eso nos parece —susurró Yerak.

—Suena tan mal como pensar en matarle, no podemos hacerlo —protestó Álex.

—No, debería ser la última opción —asintió Kanae—. Aunque si podemos abrir el portar y arrastrarle al limbo, supongo que podríamos traerlo de vuelta. De todos modos, creo que tenemos que memorizarlos, por si acaso nos vemos obligados a usarlos.

—¿Estás segura? —preguntó María, que no estaba muy convencida.

—No creo que Rening sea tan compasivo como nosotros, tú mejor que nadie has visto en qué estado ha dejado a nuestros padres, si se le presentase la oportunidad no creo que dudara en matarnos —dijo Kanae convencida.

—Está bien, pero serán siempre nuestro último recurso, ¿prometido? —dijo María.

—Prometido —respondieron los tres al unísono.

—Además, antes deberíamos consultar el libro que nos ha dejado Tathágata. Quizá encontremos algo igual de útil, pero menos peligroso —añadió María.

—¿Haces los honores? —dijo Yerak, pasándole el libro a Álex.

—¿Eh? —se sobresaltó el muchacho, que todavía estaba conmocionado por la gravedad de los hechizos que había encontrado su hermana.

—Chaval, te has convertido en nuestro mayor experto en localizar hechizos, te mereces ser tú quien busque en este libro —dijo Yerak, mientras las chicas asentían con la cabeza.

Álex tomó el libro que le ofrecía su amigo y sentó de nuevo, colocándolo encima de la mesa. Durante un rato permaneció callado, meditando lo que realmente necesitaban, creía que los hechizos que había encontrado su hermana eran demasiado crueles y pensó que debía puntualizar de alguna forma que querían que Rening no sufriera daños. Se acordó del espíritu de Maiuté en la tumba sagrada, ya entonces estaba atado a Rening y sin embargo había podido darles las esferas, era un espíritu muy poderoso, si conseguían desatarlo, seguramente el propio Maiuté podría detener a Rening. Concentrándose en todos esos pensamientos, pidió que el libro les mostrara un hechizo que permitiera liberar a Maiuté de las ataduras de Rening. Como ya les resultaba habitual, el libro volvió las páginas por arte de magia, hasta que se detuvo y les mostró un hechizo. Kanae copió el hechizo, escribía con cuidado y parecía preocupada. A los demás les extrañó la reacción de la muchacha.

—¡Madre mía! —exclamó Kanae alucinada al releer el hechizo que había copiado.

—¿Qué sucede? —preguntó sorprendido su hermano.

—Leed el hechizo del libro, por favor —respondió Kanae.

Los tres leyeron el hechizo, pero no entendieron nada. Estaba escrito en una lengua desconocida para ellos, María supuso que se trataba del idioma de Tathágata, por que le recordaba al saludo con el que les había recibido.

—Ahora leed esto —pidió Kanae, pasándoles la hoja donde había escrito el hechizo.

—¡No puede ser! —exclamó Yerak incrédulo—. ¿Cómo lo has traducido?

—No tengo ni idea, ni siquiera estoy segura de que lo que he escrito sea lo que quiere decir ese hechizo —respondió Kanae, encogiéndose de hombros.

—Como acostumbra a decir mi hermano, ¡magia! —dijo María que empezaba a creer que ya no podría sorprenderse por nada.

—Al menos este hechizo no hace daño a nadie —suspiró Álex aliviado—. Parece que el efecto que produce es anular un hechizo de atadura, supongo que sí especificamos de alguna forma que queremos anular el hechizo que Rening lanzó sobre Maiuté, éste quedará libre.

—Espera —dijo Kanae, volviendo a coger el papel de las manos de su amigo—, lo reescribiré para adaptarlo a Rening y a Maiuté.

La muchacha empezó a escribir en la hoja, de vez en cuando, tachaba algo y volvía a escribirlo. Finalmente, satisfecha, les pasó otra vez el hechizo. Sus amigos lo leyeron y les pareció que sonaba bien, claramente liberaba a Maiuté de Rening sin provocarle daños a éste último, así que no resultaba tan peligroso como los hechizos que había encontrado María. Álex no pudo reprimir un escalofrío al pensar que por muy peligrosos que fueran los hechizos que copió María, eran los que el Isinié le había mostrado, así que quizá se vieran obligados a utilizarlos, aunque esperaba estar equivocado.

—Bueno, ahora lo único que nos queda es trazar un plan para enfrentarnos a Rening —dijo Kanae.

Capítulo 14:

Una decisión arriesgada

Los cuatro amigos se miraron preocupados. Sabían que tenían los hechizos adecuados, sus botellas estaban al máximo y las esferas continuaban en sus bolsillos, de hecho no había nada que les impidiera ir tras de Rening, nada excepto el miedo. Rening había demostrado ser un enemigo formidable. A pesar de no poder mantener hechizos, a pesar de no poder acceder a la magia directamente, era capaz de cualquier cosa, sobre todo, porque carecía de escrúpulos.

—¿Qué os parece si primero memorizamos todos los hechizos y repasamos los que ya habíamos aprendido? —sugirió Yerak, consciente de que eso les daría un poco más de tiempo.

Kanae cogió las hojas de sus amigos y de su hermano, copió los hechizos nuevos y se las devolvió. Permanecieron en silencio repitiéndose mentalmente las palabras, repasando las dudas, hasta que finalmente se dieron cuenta de que se los sabían y que no tenía sentido seguir demorando lo inevitable.

—Tengo miedo —murmuró Álex compungido. Su hermana le abrazó, intentando infundirle ánimos.

—Yo también enano, pero debemos hacer algo, tú mismo lo dijiste, Maiuté nos dio las esferas porque creía en nosotros, no podemos fallar —dijo María para consolarlo.

—Lo sé, es solo que hay tantas cosas que pueden salir mal. Rening puede capturarnos, puede hacernos daño o puede que se lo hagamos nosotros. Nada de esto me parece una buena opción. Además tendremos que presentarnos delante de él, ¿qué hacemos, nos ocultamos? Seguro que estará prevenido, quizá incluso nos esté preparando alguna trampa —dijo Álex, expresando en voz alta lo que todos sentían.

—No lo sé, a lo mejor deberíamos aparecernos sin más, sin ocultarnos y enfrentarnos a él directamente, las personas que son tan taimadas no se esperan un ataque directo, seguro que le sorprende lo suficiente como para darnos una oportunidad de recitar el hechizo para desatar a Maiuté sin que tenga tiempo a reaccionar —propuso Yerak.

—¿Exponernos los cuatro a la vez? No estoy segura, me parece demasiado peligroso, si no funciona estaremos perdidos —protestó María.

—Habrá que arriesgarse —dijo Álex secundando a su amigo—, no podemos permitir que Rening se salga con la suya.

—Además tenemos que rescatar a Maiuté, no podemos abandonarlo, vamos a tener que dar el todo por el todo —respaldó Kanae.

—De acuerdo, no estoy diciendo que no lo hagamos, pero deberíamos planearlo bien, no me parece que atacar los cuatro a la vez sea lo más prudente —protestó María.

—¿Y qué propones? A estas alturas Rening estará tras nosotros y es cuestión de tiempo que nos encuentre o que de algún modo se acerque otra vez a nuestro pueblo. Además si recordáis nuestro encuentro con Maiuté, parecía cansado, no estoy seguro de que le quede mucho tiempo, quizá no resista mucho más y si Rening se hace con su poder, entonces podemos darnos por muertos —dijo Yerak.

—Lo sé, ya me doy cuenta de que tenemos que actuar, sólo digo que no vayamos los cuatro a la vez, creo que sería mejor que dos de nosotros permanecieran ocultos, pero lo suficientemente cerca para lanzar el hechizo que desatará a Maiuté y los otros dos le distraigan apareciendo de repente, quizá así logremos sorprenderle y si algo sale mal, los otros dos estarán a salvo y podrán hacer algo —propuso María.

—No funcionará —dijo Álex—. Eso es precisamente lo que hicimos cuando rescatamos a nuestros padres, Rening estará preparado, si aparecen los gemelos esperará que nosotros dos estemos ocultos y al revés.

—Que vayamos los cuatro juntos sigue siendo una temeridad —insistió María.

—Pero que aparezca solo uno no lo sería —murmuró Álex pensativo.

—¿Cómo? —preguntó Kanae.

—Bueno, tal y como conseguimos huir, imagino que sospecha que María y yo nos separamos y que uno de nosotros se llevó a nuestros padres y el otro os rescató a vosotros. Si por ejemplo aparezco delante de él sólo, puede pensar que fui yo quien rescató a nuestros padres y que he vuelto porque habéis desaparecido. Además, creo que se ha dado cuenta de que fue a mí a quien se le ocurrió la forma de ocultarnos ante él, así que estará bastante enfadado conmigo, lo suficiente para no pensar demasiado en vosotros si le convenzo de que os estoy buscando —explicó Álex—. Entonces vosotros aprovecharíais para acercaros tanto como os fuera posible y lanzaríais el hechizo que desataría a Maiuté.

—No, no, ni hablar. Yerak y Kanae se quedaron solos con Rening y estuvo a punto de acabar con ellos —se opuso María en redondo.

—Sí, pero eso fue antes de que supiéramos quien era Rening y que pretendía. Ahora sabemos que es un brujo y podemos utilizar magia para defendernos —insistió Álex—. Podría utilizar el hechizo de la barrera mágica para protegerme.

—Álex, mantener una barrera mucho tiempo podría consumir demasiada energía, no sé si aguantarías frente a Rening más de quince o veinte minutos —protestó Kanae.

—Suficiente, no tengo ninguna intención de permanecer todo el día con él —dijo Álex, que parecía decidido a hacerlo.

—Ni hablar, no pienso dejarte solo —dijo rotundamente María.

—Puede que tenga razón —dijo Yerak de repente, que había permanecido callado—. A lo mejor así tenemos una oportunidad.

—¡No puedes hablar en serio, Yerak! —gritó María enfadada. No podía creer que su amigo respaldara a su hermano, era una insensatez.

—Mira, no estará solo, nosotros estaremos muy cerca y el hechizo para desatar a Maiuté no es muy difícil, no nos llevará más de cinco minutos, si le distrae el tiempo suficiente podremos actuar con rapidez y Rening quedará indefenso en cuanto Maiuté se libere e incluso puede que una vez libre, Maiuté nos ayude —explicó Yerak, intentando justificarse.

—¡Estará sólo e indefenso! —dijo María.

—No estaré solo, vosotros estaréis conmigo, sé que si tengo algún problema cuanto con vuestra ayuda y en cuanto a lo de indefenso… —dijo Álex sujetando con una mano la botella y mostrando la esfera mágica con la otra.

Viendo que no conseguiría que Álex cambiara de opinión y menos con Yerak apoyándole, María se dio por vencida y se dejó caer en una de las sillas. No creía que fuera tan fácil como pensaban y aunque ellos estuvieran cerca de Álex, no estaba segura de poder actuar lo suficientemente rápido ante alguna de las artimañas de Rening. Convencida de que Rening estaría mejor preparado esta vez, pensó que lo único que podían hacer era asegurarse de que eran capaces de recitar cualquiera de los hechizos con soltura. Obligó a Álex a repetir una y otra vez el hechizo de protección hasta que Kanae dijo que era imposible que lo pronunciara mejor.

Decidieron que repetirían la estrategia que habían seguido la primera vez, se trasladarían cerca de dónde estuviera Rening, pero lo suficientemente lejos como para que no les detectara, de forma que pudieran vigilarle y encontrar una buena posición desde donde estar cerca para lanzar el hechizo sin que Rening les viera. Una vez apostados, Álex aparecería delante de Rening, fingiendo buscar a su hermana y a los gemelos. Tenía que entretenerle el tiempo suficiente para que Kanae recitara el hechizo que liberaría a Maiuté. Mientras tanto, Yerak y María permanecerían alerta, pendientes de Álex, por si el muchacho les necesitaba. Finalmente, cuando se dieron cuenta de que ya no podían hacer nada más, que todo estaba bien planeado, o por lo menos, lo bastante como para poner en marcha su plan y que todos pronunciaban los hechizos con precisión y soltura, María no tuvo más remedio que ceder y consentir que se trasladaran. Se cogieron de las manos y Yerak pronunció el hechizo de traslado.

Esperaban trasladarse al claro cerca del valle donde estaba la cueva, pero aparecieron en un lugar totalmente diferente. Estaban rodeados de edificios algo desvencijados y sucios, daba la impresión de que era un barrio abandonado de alguna ciudad industrial venida a menos. Se escondieron en un callejón intentando averiguar dónde estaban y sobre todo, dónde podía estar Rening. Les costó un poco darse cuenta de que era el barrio de su enemigo. Fue Yerak quien de repente reconoció la ventana de la habitación del joven Rening. Palidecieron un poco al comprender que si habían aparecido allí es que Rening les había encontrado. Daba la impresión de que a cada minuto que pasaba el brujo se hacía más y más fuerte.

Olvidando todos los temores que les oprimían el corazón lanzaron el hechizo de ocultación y se dirigieron con cuidado hacia el piso de Rening. Avanzaban despacio atentos a cualquier trampa que el brujo les hubiera podido tender, conscientes del peligro. Al llegar a la planta del domicilio de Rening se detuvieron. Desde allí sería muy complicado vigilarle y lanzar el hechizo, pero más peligroso sería entrar en el apartamento. Kanae intentaba recordar la disposición del piso de Rening buscando un lugar desde el que pudieran permanecer escondidos y vigilarle al mismo tiempo. Suponía que el brujo estaría en su vieja habitación que daba a la calle y entonces se acordó de la salida de incendios. Desde la habitación de Rening se accedía a la plataforma de la escalera y desde allí podrían vigilarle sin llegar a entrar en la casa, esperaba que no les oyera recitar el hechizo, porque estarían muy cerca de él, pero sabiendo que era su única oportunidad, les contó su idea a sus amigos.

A los demás no se les ocurría nada mejor, así que decidieron llevar a cabo su plan. Aprovechando la entrada de Álex, María, Yerak y Kanae se trasladarían a la plataforma de la salida de incendios y Kanae recitaría el hechizo mientras Yerak y María vigilaban a Rening por si Álex necesitaba ayuda. El pequeño deshizo el hechizo de ocultación y se vio a sí mismo solo en el pasillo. Respirando profundamente les dio la señal a sus amigos y los cuatro se trasladaron a sus puestos.

Álex apareció en mitad de la habitación y vio que Rening estaba mirando por la ventana. Por suerte, al oír el ruido, el brujo se giró quedando de frente al muchacho y no se percató del leve resplandor que se produjo a sus espaldas al aparecer sus tres amigos. Desafiante, mostrando un valor que no sentía, Álex se encaró a su antiguo profesor.

—¿Dónde están? ¿Qué has hecho con ellos? —gritó Álex intentando que Rening se centrara sólo en él.

El brujo se limitó a pasearse delante del muchacho con los ojos entornados como si quisiera adivinar qué es lo que pretendía Álex. De pronto al muchacho le asaltó una duda, ¿y si Rening podía lanzar hechizos mentalmente? Instintivamente, sujetó con fuerza su botella y recitó el hechizo levantando una barrera a su alrededor. Casi al mismo instante algo se estrelló chisporroteando. Una gota de sudor se deslizó por la espalda de Álex, se había librado por un pelo.

—Si pretendes pillarme desprevenido, estás listo. Mi magia es más poderosa que la tuya. No volveré a repetírtelo, devuélveme a mi hermana y a los gemelos —exigió Álex.

—¿O si no...? —dijo por fin Rening. Arrastraba las palabras con desprecio como si rebajara al hablar con Álex.

El muchacho no pudo evitar darse cuenta de que parecía mucho más seguro y prepotente que antes. Se estremeció al pensar que podía ser porque ya había derrotado a Maiuté, pero se obligó a continuar adelante con su plan. Esperaba que Kanae estuviera ya recitando el hechizo.

—Acabaré contigo —bravuconeó Álex. Rening empezó a reír.

—Como si estuvieras a mi nivel. Ya no puedes hacerme nada chico —dijo extendiendo los brazos y lanzando rayos a su alrededor.

Álex casi podía notar como descendía el nivel de magia de su botella, pero se mantuvo firme, esperando que la barrera aguantara el tiempo suficiente. Se preguntaba por qué Rening le estaba siguiendo el juego, por qué no le decía que él no los tenía o por qué no se había sorprendido cuando Álex le había exigido que soltara a sus amigos.

—¡Barrera! —gritó Álex comprendiendo que si Rening le seguía el juego era porque de alguna manera les había descubierto.

Esperaba que su hermana le hubiera entendido y cuando vio un chisporroteo en la escalera de incendios suspiro aliviado, justo a tiempo, pensó.

—¡Estúpidos! —escupió Rening—. Necios insensatos, ¿creíais que no me daría cuenta de vuestra estratagema? ¿Pensabais que podríais invadir mi hogar sin que yo me enterara? Ya es demasiado tarde, no sé qué es lo que pretendéis, pero ahora el poder de Maiuté es mío.

—Da igual, no me importa cuánto poder tengas, eso no me impedirá derrotarte —dijo Álex rogando que Kanae se diera cuenta de que iba por ella.

Confiaba en que, a pesar de la barrera, la muchacha pudiera seguir adelante con el hechizo. Él, por su parte, intentaría darle tanto tiempo como pudiera. ¿Rening les había descubierto?, bueno ahora no tendría que romperse la cabeza intentando mentir, podía ir hacia él directamente y se dio cuenta de que le tenía muchas ganas. Desde que le había conocido, la vida de Álex se había convertido en un suplicio, Rening no había hecho más que darle problemas y después de maltratar a sus padres, iba a pagar por todo. De algún modo, toda la rabia acumulada le dio fuerzas y sin pronunciar ni una sola palabra, lanzó a Rening por los aires. Ni siquiera sabía que hechizo había usado para hacerle volar de aquella manera, pero no le importaba, en aquel momento, lo único que quería era vengarse de él.

El brujo se levantó del suelo sorprendido, no se había esperado un ataque tan directo, por qué no creía que Álex tuviera la fuerza suficiente como para lanzarle así, pero reaccionando con rapidez lanzó un hechizo contra el muchacho que rebotó en la barrera. Álex volvió a lanzarlo por los aires y Rening se estrelló contra la pared rompiendo una estantería. Cada vez que el brujo se levantaba e intentaba lanzar un hechizo contra Álex, rebotaba en la barrera y el niño volvía a estamparlo contra la pared.

—¡Basta! —grito María volviéndose visible.

Álex se volvió hacia María con los ojos desencajados, ¿quién se creía que era ella? ¿Cómo se atrevía a ordenarle a él, que era más poderoso que Rening, que parara? ¡Él era el mejor brujo e iba a demostrárselo a todos! Sin pensar lanzó un hechizo contra María que rebotó en la barrera de la joven.

—Por favor Álex, basta —volvió a repetir su hermana.

La voz de María no reflejaba rencor alguno por lo que acababa de hacer Álex. El muchacho vio que Rening estaba en el suelo. Esta vez no había vuelto a levantarse, sangraba por la nariz y tenía varios golpes en la cara. Álex apartó la mirada asqueado y se encontró con su propio reflejo en el espejo de la habitación. Su expresión, la altanería que podía percibir aun siendo un sólo reflejo, le devolvió a la realidad. Ebrio de poder, se había dejado llevar y se dio cuenta de que por un momento se había comportado como Rening. Sintió vergüenza de sí mismo y apartó la mirada de su reflejo.

—Tranquilo Álex, ya casi está, nosotros te ayudaremos —dijo María invitándole a acercarse.

Álex empezó a caminar hacia su hermana cuando Rening se iluminó por un instante, el muchacho pensó que Kanae había podido lanzar el hechizo por fin y suspiró aliviado. Yerak y Kanae se volvieron visibles y le sonrieron. Kanae parecía agotada y se dio cuenta de que después del subidón que había sentido avivado por la rabia, él también estaba agotado. Escabulléndose por la ventana, saltó a la plataforma y abrazó a su hermana. Cuando creían que todo se había acabado y se disponían a volver a su casa, oyeron una risa detrás de ellos. Al volverse vieron que Rening estaba de pie en el centro de la habitación. No había ni rastro de los rasguños, ni de las heridas que Álex le había infringido, es más, parecía encontrarse mejor incluso que antes de que se enfrentaran.

—Por vuestras caras deduzco que esperabais que al liberar a Maiuté yo quedaría desvalido, ¿me equivoco? —se jactó Rening—. Ya veo, como mentes simples que sois, dedujisteis que si me nutría del su espíritu, cortando el vínculo, cortarías mi fuente de poder. ¡Ignorantes! Si de verdad entendierais la magia, sabríais que su poder es mucho mayor, ahora he llegado donde ningún brujo había logrado llegar y vosotros sois simples pulgas que barreré sin necesidad de mover un solo dedo.

—¡Corred! —gritó Álex asustado empujando a su hermana para que bajara por las escaleras.

Yerak y Kanae saltaron detrás de ellos pisándoles los talones. A su espalda oyeron el crujir del acero, pero no se detuvieron para averiguar qué había sucedido. Consiguieron bajar las escaleras y saltaron a la calle, metiéndose en un callejón y consiguiendo escapar por los pelos de una avalancha de ladrillos. Se escabulleron entre los edificios, escondiéndose en una pequeña tienda que tenía los cristales tintados. Yerak y Kanae, jadeaban sin aliento igual que Álex y María y tenían en el rostro la misma expresión de asombro y miedo.

—Rening está loco —dijo Álex susurrando. Fuera se oía el ruido de explosiones, el brujo debía estar destrozándolo todo a su paso—. ¿Qué ha pasado? ¿Has podido terminar el hechizo o no?

—Sí, y creo que hemos liberado a Maiuté porque por un instante me ha parecido verle, aunque brillaba tan débilmente que no estoy segura de que le habrá ocurrido —contestó Kanae.

—Sea como fuere, no ha servido de nada, Rening es ahora muchísimo más poderoso y a juzgar por lo que está haciendo, debe tener una fuente inagotable de poder. ¿Cómo vamos a derrotarle? —preguntó María desesperada.

—No lo sé, pero desde luego hay que pararle los pies, no podemos permitir que siga así, este barrio debe estar abandonado, pero si hubiera gente no creo que le importara —contestó Yerak.

—No podremos tenderle una trampa y no sé si aguantaríamos un enfrentamiento directo —dijo Álex—. ¿Si alzamos una barrera contra él resistirá?

—Si la alzáis alguno de vosotros tres, no estoy segura, habéis consumido mucha magia, pero creo yo que podré mantenerla —dijo María enseñándoles su botella que permanecía intacta. La de Yerak había bajado un poco, pero las que tenían menos magia eran las de Álex y Kanae.

—Entonces deberíamos salir los cuatro, al menos conseguiríamos frenarle —propuso Álex.

—¿Pretendes abrir un portal y arrojarle al limbo? Porque no sé qué otra cosa podemos hacer —dijo Yerak.

—No, dijimos que esa sería la última opción, pero recordáis el hechizo que despoja de la magia a un brujo, con ese le dejaríamos indefenso, ya no podría usar más magia —explicó Álex.

Fuera, podían oír como el ruido de las explosiones se acercaba. No podrían esconderse por mucho tiempo, tarde o temprano Rening les encontraría así que decidieron que el plan de Álex era mejor que quedarse aguardando a que les atrapara. Decidieron que María se encargaría de alzar una barrera que les protegiera y Yerak lanzaría el conjuro que le desproveería de magia. Sabiendo que por mucho que esperaran, sus posibilidades no mejorarían, salieron al encuentro de Rening, quedándose en medio de la calle, uno al lado del otro con el brujo frente a ellos. Los cinco se miraban desafiantes y Kanae pensó que parecían sacados de una escena de una película de vaqueros, justo cuando están a punto de batirse en duelo. La muchacha sacudió la cabeza para despejarse, no era momento para bromas. Rening bajó los brazos y dejaron de caer rayos. Álex tuvo la sensación de que estaba evaluándolos, como si estuviera decidiendo si matarlos allí mismo o si merecía la pena conservarlos vivos un poco más. Como si María hubiera leído la mente de su hermano levantó una barrera que protegiera a los cuatro.

—Esa barrera no te servirá de mucho niña —dijo Rening despectivamente. Álex sintió un sudor frío corriendo por su espalda.

—Eso ya lo veremos —gruñó María que no pensaba acobardarse ante las palabras del brujo.

Rening lanzó una bola de energía que hizo que los cuatro se tambalearan, pero la barrera aguantó. El brujo volvió a lanzar otra bola contra la barrera, pero esta permaneció intacta. Álex miró de reojo a su hermana, tenía la frente empapada de sudor, pero su botella aún tenía bastante magia y por lo demás parecía estar bien. Yerak estaba murmurando el hechizo, pero daba la impresión de que tenía algún problema, así que Álex decidió intervenir para darle algo de tiempo.

—Puedes seguir así todo el día, que nuestra barrera sí que aguantará —dijo Álex esperando que el brujo picara y se centrara en él.

—¿De veras? —dijo Rening incrédulo—. Yo que hubiera dicho que en cuanto se acabe la magia almacenada en esas bonitas botellas que lleváis colgadas al cuello, se terminaría el conjuro. Que equivocado estaba, Álex.

El muchacho no respondió limitándose a apretar los puños con fuerza, sentía unas ganas inmensas de asestarle un buen puñetazo, pero no quería repetir su error, sabía que no debía volver a perder el control.

—¡Oh, vaya! ¿La existencia de vuestras botellas era un secreto? —preguntó Rening socarronamente—. Me temo que ahora hay pocas cosas que desconozca. De hecho, creo que mi próxima parada será Maiutac, según tengo entendido, es un encantador pueblecito lleno de brujos, será interesante ver como caen ante mí.

—¡ ... *riddak*! —exclamó Yerak, lanzando el conjuro hacia Rening.

El muchacho, que había intentado mantener la concentración y no escuchar a Rening terminó el hechizo justo cuando Rening amenazaba a su pueblo y se lo lanzó con todas las fuerzas que tenía. En aquel momento entendió porque Álex había perdido el control cuando se enfrentó a Rening y reconoció que a él también le estaba costando mucho no atacarle con todo lo que podía, sentía arder su cara de rabia, aunque se quedó helado al ver que el hechizo se estrellaba contra una barrera. Rening se echó a reír al ver la cara de sus oponentes.

—No esperaríais que estuviera indefenso, ¿acaso pensabais que yo, que tengo acceso a los conjuros más poderosos que existen, no iba a saber levantar una barrera mágica? Siento decepcionaros, pero ya os he dicho antes que no tenéis ninguna posibilidad ante mí, ratas insignificantes —dijo Rening levantando los brazos otra vez.

Una oleada de bolas de energía empezó a golpear la barrera de María. La muchacha empezaba a ceder terreno y tuvo que hincar la rodilla en el suelo con fuerza para resistir el ataque. Los demás la rodearon intentando darle fuerzas, pero su magia empezó a descender a niveles peligrosos. Las bolas de energía estaban levantando una polvareda impresionante y Kanae decidió aprovechar la oportunidad. Cogiendo a María de la mano, la arrastró hacia otro callejón mientras su hermano y Álex les seguían corriendo como alma que lleva el diablo. Siguieron huyendo hasta que creyeron que habían conseguido despistarle. Agotados, estaban a punto de sentarse cuando vieron que el brujo, con sonrisa de triunfo, aparecía en la entrada de la callejuela.

—¡No os paréis, seguid corriendo! —gritó Yerak a sus compañeros.

—¡No puedo más, va a atraparnos! —protestó María tambaleándose.

—¡*Arne Uno Unik*! —gritó Álex de repente.

Los niños desaparecieron, como si la tierra se los hubiera tragado, dejando a Rening furioso lanzando bolas de energía y rayos por doquier.

Capítulo 15:

Arne Uno Unik

Arne Uno Unik, estas palabras todavía resonaban en la cabeza de Álex. Huyendo desesperado de Rening, había lanzado un hechizo sin saber exactamente lo que hacía; fruto de la necesidad, las palabras habían surgido directamente del corazón mientras sujetaba su botella. A pesar del agotamiento, se sentía extrañamente a salvo, como si nada pudiera ocurrirle en aquel lugar, estuviera donde estuviera. Miró a su alrededor, intentando averiguar donde se encontraba. Por un momento creyó que estaba en la tumba de Maiuté, porque el paisaje era muy parecido. Había un gran árbol en el centro; a un lado un frondoso jardín, lleno de hermosas flores de todos los colores que uno se podía imaginar, aportaba una fragancia relajante a la atmósfera; al otro lado del árbol exuberantes árboles tropicales formaban un pequeño bosque, del que surgían diversos cantos de aves, la mayoría de los cuales, como le ocurrió en la tumba de Maiuté, eran desconocidos. Un hermoso guacamayo le sobrevoló y volvió a su nido despreocupado, como si hubiera considerado que no era una amenaza para su hogar. Sobresaltado por la similitud con lo que había ocurrido cuando descubrieron la tumba de Maiuté, corrió hasta el olmo, pero a sus pies no había ninguna tumba.

Fue entonces cuando se dio cuenta de que sus amigos no estaban con él. Se había asombrado tanto ante aquel lugar, que no se había percatado de que estaba solo. Recorrió el pequeño bosque llamando a los gemelos y a su hermana, pero nadie le contestó. Al final, dándose por vencido, se sentó apoyándose en el olmo. Preocupado como estaba, no se dio cuenta de que delante de él el aire vibraba, como si hubiera una televisión mal sintonizada. Poco a poco, una imagen se materializó y apareció la cara sonriente de Kanae. Álex se levantó de un brinco sin poder creer lo que estaba viendo. A cada lado de la pantalla de Kanae el aire vibró otra vez y se formaron las imágenes de Yerak y de María.

Todos parecían agotados, pero a salvo. Por detrás de las cabezas de sus amigos, Álex pudo ver un bosque de exuberantes árboles tropicales, del que surgían diversos cantos de aves. Álex comprendió que estaba viendo, en cada una de las pantallas, un paraje idéntico al lugar donde él se encontraba, era como si estuvieran allí con él, pero sin embargo estaba claro que él estaba sólo. Al ver la cara de desconcierto de su amigo, Yerak y Kanae se rieron.

—¡Tranquilo Álex! No estas soñando —dijo Kanae todavía riendo.
—Pero qué ha pasado, ¿dónde estáis? —preguntó Álex.
—Donde tú nos has enviado —contestó Yerak—. En un *Unik* —añadió al ver la cara de pocos amigos de Álex.
—¿En un *Unik*? —se extrañó el muchacho—. Espera, recuerdo que nos hablasteis de ellos, son lugares sagrados, ¿no es cierto?
—Sí, y de gran poder —contestó Kanae—. Son manantiales sagrados de la magia.
—¿Manantiales? Entonces a lo mejor podemos extraer magia de ellos con las esferas. Eso nos repondría enseguida si R...—mientras María hablaba, se interrumpió la transmisión.

Álex sin saber que hacer miraba la pantalla donde antes había estado su hermana pero lo único que mostraba era un fondo negro, como cuando un canal dejaba de emitir. Los gemelos estaban igual de desconcertados; Yerak sujetando su botella murmuró un hechizo, pero fuera cual fuera, no funcionó, la pantalla siguió en negro.

—Chicos, ¿no habrá aparecido Rening en el *Unik* de María? —preguntó Álex preocupado.
—No creo, están protegidos con barreras mágicas y al ocuparlos nosotros no puede entrar nadie si no se lo permitimos, por eso a Kanae se le ha ocurrido ponernos en contacto con estas *Kib*s —explicó Yerak.
—Esto... ¿Kibs? —dijo Álex.
—Perdona, a veces sigo olvidándome que todavía tenéis que aprender mucho más sobre nuestro idioma, son como unas pantallas que nos permiten comunicarnos a distancia —respondió Yerak.
—Puede que no haya aparecido en el *Unik*, pero probablemente esté intentando entrar en el de María y por eso se ha roto la comunicación —sugirió Kanae—. No veo otra explicación.
—¿Por qué siempre le toca a María quedarse sola? ¿No podemos ayudarle? —preguntó Álex frustrado.

Antes de que los gemelos pudieran contestar, la pantalla volvió a mostrar a María sudorosa y asustada. Sujetaba con fuerza su botella y en la otra mano tenía la esfera que brillaba intensamente. Como Kanae había sospechado Rening estaba fuera, paseándose alrededor del *Unik* y lanzando rayos intentando abrir una brecha en la barrera del *Unik*.

—¡María! ¿Estás bien? —preguntó Álex.

—Sí, pero no sé si esto aguantará, estoy reforzando la barrera, pero los ataques de Rening son cada vez más fuertes, ¡necesito una mano! —gritó María que parecía cansada por el esfuerzo.

—¡Para María! La barrera resistirá un tiempo y no conseguirás nada reforzándola, salvo cansarte —dijo Yerak.

La muchacha obedeció, no muy convencida. La barrera permaneció intacta, pero al dejar de reforzarla daba la impresión de que los golpes se oían más fuerte y de que se rompería de un momento a otro. Asustada, miró hacia las pantallas que le mostraban a sus amigos, pidiendo ayuda silenciosamente. Estaba convencida de que si Rening conseguía entrar, no tendría ninguna posibilidad.

—¡Voy para allá! —gritó Álex sujetando su botella.

—¡No, espera! —gritó Yerak, deteniendo al muchacho—. Si te trasladas al *Unik* mientras Rening está atacando se podría abrir una brecha.

—¡Hay que hacer algo! ¡No podemos abandonarla! —protestó Álex.

—¡Dejadme pensar, por favor! —pidió Kanae, que estaba empezando a tener una idea.

Kanae recordaba que su abuelo le había contado que todos los manantiales mágicos estaban conectados entre sí, por lo tanto dedujo que podrían hacer magia desde cualquier *Unik* hacia cualquier otro; eso podría darles la oportunidad de ayudar a María pero, ¿cómo? La barrera de Rening era tan poderosa que no había servido de nada el conjuro para quitarle sus poderes. Sabía que esa era la clave, pero si no conseguían romper la barrera del brujo, no daría resultado. De pronto un crujido la sacó de sus pensamientos. En la pantalla de María pudieron ver una pequeña brecha en la barrera; estremeciéndose, Kanae pensó que no tenía tiempo para contarles su idea a los demás y seguía sin saber cómo atrapar a Rening. La voz del brujo se introdujo por la brecha.

—Interesante estratagema, os habéis trasladado a un *Unik* —dijo Rening con desprecio—. Os habéis separado poniéndomelo más fácil todavía, acabaré con vosotros uno a uno sin que podáis evitarlo y a ti

Álex te dejaré el último para que puedas contemplar cómo acabo con tu hermana y tus amigos. Sé que ahora mismo os estáis comunicando, ¡disfruta del espectáculo! —dijo Rening levantando los brazos.

Incluso a través de la barrera los cuatro muchachos podían ver el fulgor malicioso de sus ojos. En un abrir y cerrar de ojos se produjeron varias cosas a la vez. Rening lanzó un rayo que traspasó la barrera del *Unik* de María. Álex oyó a Kanae gritar algo así como el limbo lo absorbe todo y abrió el portal sin pensárselo dos veces. Mientras, Yerak sujetó su botella y cerró los ojos pronunciando un hechizo, al tiempo que Kanae hacía lo mismo. Los cuatro niños sujetaban las botellas con una mano y con la otra apretaban con fuerza las esferas que les había regalado Maiuté.

Los cuatro *Uniks* empezaron a brillar intensamente, como si se estuvieran llenando de energía. Ninguno podía ver lo que estaba sucediendo en los otros *Uniks*, pero siguieron cada uno adelante con sus hechizos. María respiraba fatigosamente, pero consiguió mantener una barrera que la protegía de los rayos de Rening. De pronto, por encima de la cabeza del brujo a unos dos metros de altura, apareció un remolino negro que empezó a tirar de Rening hacia arriba. El brujo asustado dejó de lanzar rayos y se concentró en el portal que se estaba agrandando y le arrastraba cada vez más fuerte. Rening lanzó un rayo constante hacia el agujero y por un momento dio la impresión de que frenaba su ascenso, pero siguió subiendo lentamente hacia el agujero. Estaba volando a un metro del portal cuando de pronto un hechizo se estrelló contra su barrera y la hizo añicos. Casi al mismo tiempo, otro hechizo se estrelló contra él, y el rayo que le frenaba desapareció. El portal se tragó a Rening que gritaba furioso y asustado, incapaz de creer que unos simples niños le hubieran derrotado.

Cuando el portal se cerró, reinó el silencio durante unos instantes, luego se iluminó el *Unik* donde se encontraba María y aparecieron Álex y los gemelos. María estaba tendida en el suelo y Álex temió hubieran llegado demasiado tarde, pero al oír reír a su hermana, supo que estaba bien, reventada por el esfuerzo, pero a salvo. Fue corriendo a abrazarla y los cuatro acabaron riendo aliviados. María se puso en pie y abrazó a los gemelos, los cuatro no podían parar de reír y llorar al mismo tiempo, se abrazaban y saltaban de alegría sabiéndose libres del brujo. Por fin, cuando consiguieron calmarse se sentaron, tenían muchas cosas que explicarse.

Ante el ataque de Rening, Álex había reaccionado al grito de Kanae abriendo el portal hacia el limbo. Al mismo tiempo Yerak empezó a recitar el hechizo para desproveer de magia a Rening, mientras su hermana se concentró en el hechizo que rompería la barrera del brujo. Por su parte, María había alzado una nueva barrera justo a tiempo de protegerse del ataque de Rening. Combinando las esferas con sus botellas, habían aumentado su poder y los hechizos fueron tan potentes que Rening no tuvo ninguna oportunidad. Los cuatro muchachos se sentían agotados y se preguntaban si Rening sería capaz de volver, pero desprovisto de magia, solo y encerrado en el limbo, dudaban de que fuera capaz, así que disfrutaron de su victoria. Mirando a su alrededor vieron que el *Unik* permanecía intacto, daba la sensación de que la barrera se había rehecho y de que todo estaba en su sitio. Un deseo empezó a brotar en sus corazones.

—¿Qué tal si volvemos a casa? —propuso Álex.

Kanae le guiñó un ojo y, tomándose todos de las manos, la muchacha pronunció el hechizo de traslado.

Epílogo

Los cuatro niños habían aparecido de repente delante de la casa de los gemelos. Asombrados y todavía cogidos de la mano, se quedaron contemplando el porche, como si estuvieran viendo el final de una película, donde todo acaba mejor que bien. Raúl, Laura, Nube Blanca, Cuervo Gris y Águila Salvaje estaban sentados en el porche tomando té; los padres de los niños todavía estaban pálidos, pero aun así, su aspecto era saludable. Por un instante tuvieron la impresión de que la película se había parado porque todos estaban inmóviles, mirando a los niños sin terminar de creerse que estuvieran allí. El primero en reaccionar fue Baldric, que voló contento hasta el hombre de María para picotearle la oreja.

De pronto los gritos, los abrazos, los besos, las risas y las lágrimas se sucedieron por igual. Niebla Azul y Rama Verde se asomaron por la puerta al oír tanto jaleo. En cuanto el chamán vio a los niños, obligó a todo el mundo a tranquilizarse y a volver a sentarse, para poder examinarlos. Rama Verde pidió a Niebla Azul que les preparara un poco de chocolate, pero por lo demás, encontró a los niños estupendamente, así que les dio permiso para que se quedaran con sus padres, siempre y cuando no los agotaran, les dijo guiñándoles un ojo. Todos volvieron a reír, María pensó que en su vida había sido tan feliz, se acurrucó juntó Álex entre sus padres, mientras los gemelos hacían lo propio con los suyos.

Águila Salvaje seguía mirando a los niños como si esperara algo y entonces los cuatro se dieron cuenta de que tenían muchas cosas que contar. Sin saber muy bien por qué, María empezó a contarles el sueño que había tenido días atrás, mientras Baldric despertaba a los demás en su casa; María montaba un hermoso caballo y dos niños le saludaban con la mano, ella tenía muchas ganas de ir a jugar con ellos, pero algo le despertó. Álex intervino explicando que él había metido al loro en la habitación de su hermana. Así, intercambiándose los papeles de narrador entre Álex, María, Yerak y Kanae cada vez que era necesario, les contaron toda la historia, sin omitir las dudas o los miedos, sin omitir un solo detalle por apurados que se sintieran. Por fin, después de un par de horas, llegaron al momento en que aparecieron delante del porche y recordaron los abrazos y el alivio que habían sentido al ver que sus padres estaban bien.

Cuando terminaron de narrar la historia fue como si se hubieran quitado un gran peso de encima. Se miraron sorprendidos como si despertaran de un sueño, algo desconcertados por lo que había sucedido. Ninguno de ellos se había propuesto contar toda la historia, sencillamente había surgido así. De pronto el cielo, que se había oscurecido al hacerse de noche, se iluminó y apareció el rostro de Maiuté, que tan familiar se había vuelto para los niños. Sonriendo, el gran brujo les dio las gracias y desapareció, volviendo todo a la normalidad. Todos dieron un respingo al ver sobre la mesa del porche un hermoso libro con las caras de los cuatro niños grabadas en la portada y la palabra Maiutac como título.

—Vaya, vaya, habéis contado toda vuestra aventura y la verdad se merece un premio muy importante. Guardaremos este libro en nuestra biblioteca para que todos puedan leerlo, aunque no me extrañaría que hubiera aparecido una copia en cierta sala lejana —dijo Águila Salvaje sonriendo a los niños—. Normalmente solo los grandes brujos al final de su vida consiguen que aparezca un libro con sus aventuras y vosotros, siendo tan pequeños, ya habéis escrito uno. ¿Quién sabe cuántos más tendré que guardar?

Agradecimientos

Tengo tanto que agradecer a tantas personas que no sé por dónde empezar, seguro que me dejaré a alguien y espero que sepa perdonarme, pues por mucho que pueda olvidarme ahora, que sepa que permanece en mi corazón.

Mi primer agradecimiento es para todos los que habéis sido mis primeros críticos, queridísimos lectores de mis borradores y en especial a Gonzalo, por corregirme cuando me pierdo, a Maica sin la que Baldric estaría perdido, a María Rosa por el detalle del puma, a Sara y a Carlos, los primeros pequeños grandes lectores a...

Por supuesto a mi familia, en especial a mi marido, por estar siempre a ahí (o no), con todo mi cariño y amor, a mi hermano Javier, a mis cuñados Nuria y Jordi, a mis sobrinos, Joel, Ilian, Gerard y Elia y a mis primos favoritos (disculpadme, aunque os quiero a todos, siempre se tienen preferencias, cariños especiales que no se pueden explicar), Marta, Andrés, Isabel, Eduardo, Pupe, Pili, Claudio, Chus, Ana y Teo.

A mis amigos de Bádenas, en especial a Belén, Manolo, Cristina, Rubén, Javier y José Vicente, ¡hemos compartido tanto!

A la "colla pesigolla", David, Mª Rosa, Víctor, Anna, Edu, Jordi, sin vosotros no sería quien soy.

A Silvia y Esteban, por estar siempre ahí, aunque sea en la distancia.

A mi profesora de lengua castellana del instituto Sants – Les Corts, Amparo.

Y no puedo terminar esta dedicatoria sin dar las gracias a Luis Folgado, a Víctor Correas y a Rosalía de Santos, sin los que este libro jamás hubiera visto la luz.

¿Creías que ya me había olvidado de ti, Laura? ¡No! Pero cómo darte las gracias por todas las magníficas ilustraciones que adornan las páginas de este libro y la portada. Sin ti Laura Vilardell Pons, este libro perdería parte de su encanto.

www.ingramcontent.com/pod-product-compliance
Lightning Source LLC
Chambersburg PA
CBHW020802160426
43192CB00006B/404